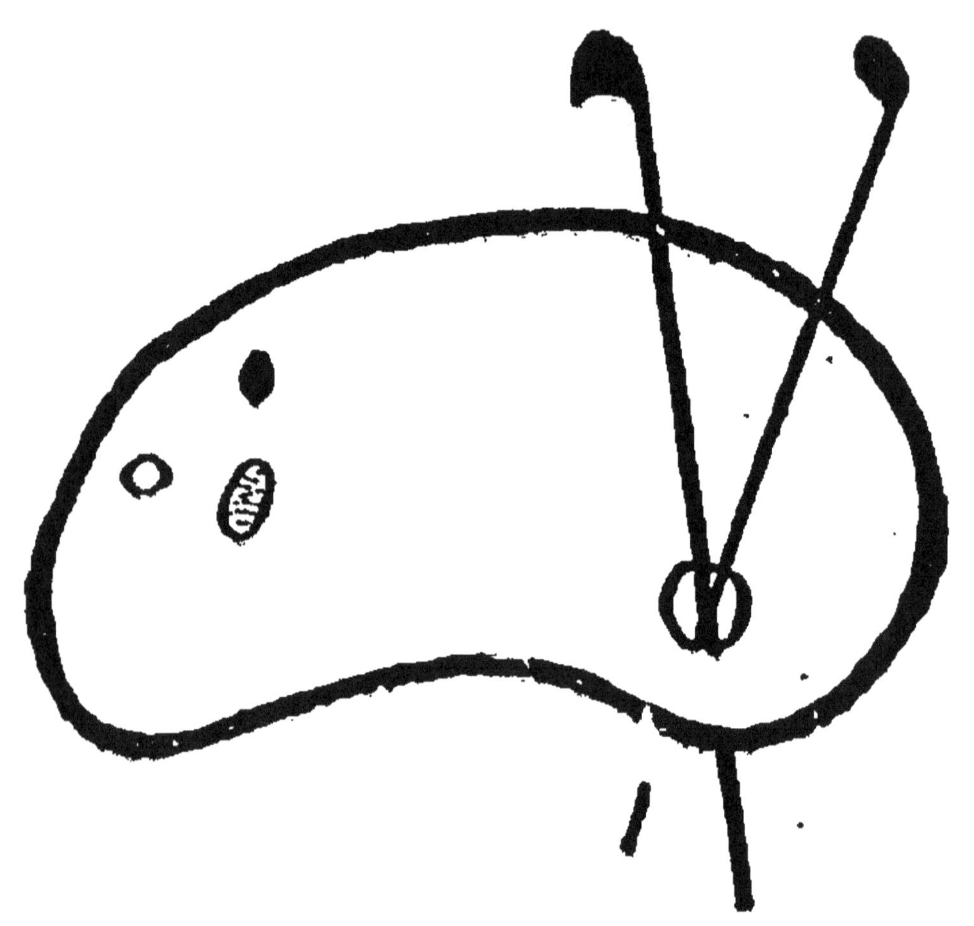

DEBUT D'UNE SERIE DE DOCUMENTS
EN COULEUR

LE DOUAIRE

DES DUCHESSES DE BRETAGNE

CONTRATS DE MARIAGE DES DUCS

PAR

J. TRÉVÉDY

Ancien président du Tribunal de Quimper
Vice président de la Société archéologique du Finistère
et de la Commission historique et archéologique de la Mayenne.

MM. LAFOLYE Frères
LIBRAIRES-IMPRIMEURS
2, place des Lices, 2
A VANNES

PLIHON & HOMMAY
LIBRAIRES
Rue de la Motte-Fablet
A RENNES

HONORÉ CHAMPION
LIBRAIRE
5, quai Malaquais, 5 — PARIS

1907

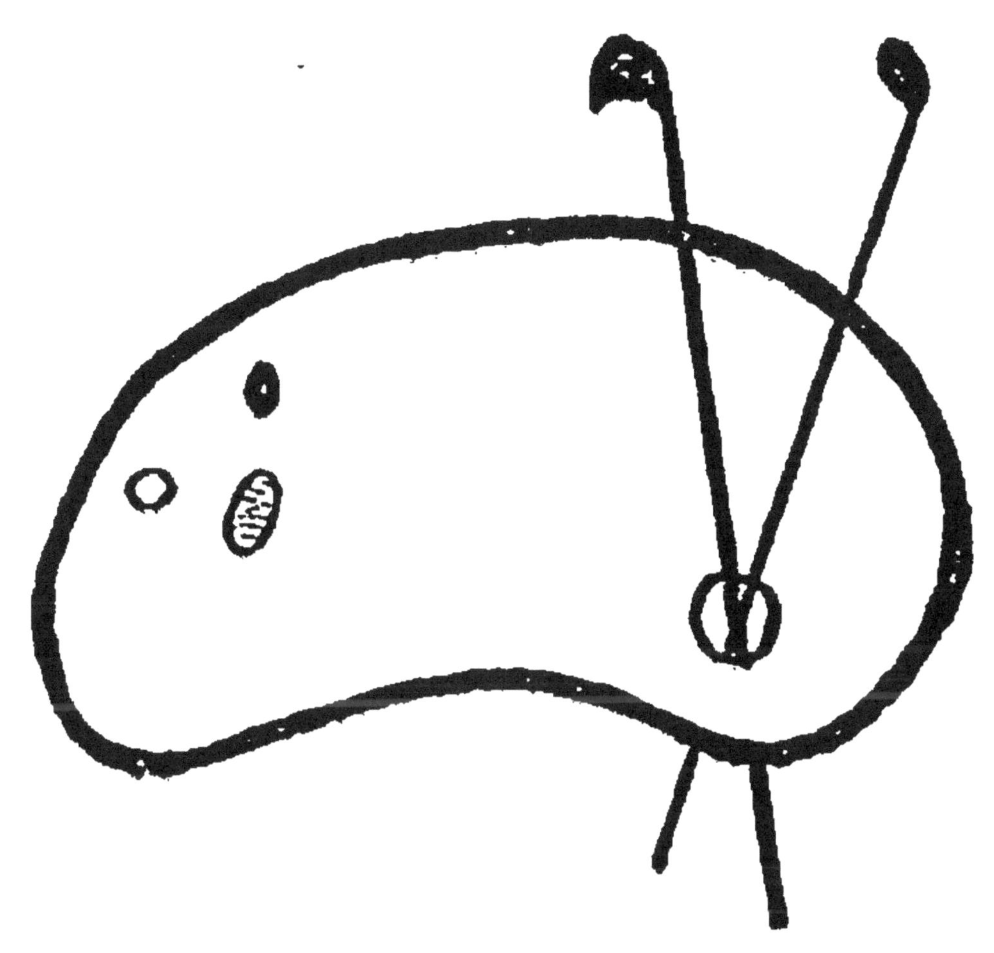

FIN D'UNE SERIE DE DOCUMENTS
EN COULEUR

LE DOUAIRE

DES DUCHESSES DE BRETAGNE

CONTRATS DE MARIAGE DES DUCS

PAR

J. TRÉVÉDY

Ancien président du Tribunal de Quimper
Vice-président de la Société archéologique du Finistère
et de la Commission historique et archéologique de la Mayenne.

MM. LAFOLYE Frères
LIBRAIRES-IMPRIMEURS
2, place des Lices, 2
A VANNES

PLIHON & HOMMAY
LIBRAIRES
Rue de la Motte-Fablet
A RENNES

HONORÉ CHAMPION
LIBRAIRE
5, quai Malaquais, 5 — PARIS

1907

LE DOUAIRE

DES DUCHESSES DE BRETAGNE

CONTRATS DE MARIAGE DES DUCS

Le duc Arthur II fut marié deux fois. De son premier mariage avec Alix de Limoges, il laissa deux fils : Jean qui lui succéda sous le nom de Jean III, et Guy que son frère fit comte de Penthièvre. Du second mariage, avec Yolande de Dreux, naquit un fils, Jean, qui de sa mère hérita le comté de Montfort-l'Amaury.

Le duc Jean III mourut le 30 avril 1341, après son frère le comte de Penthièvre ; il laissait pour héritiers Jeanne fille de Guy, représentant son père, et Jean son frère consanguin ; et en mourant il n'avait pas osé désigner son successeur au trône, de peur, disait-il, « de charger son âme ».

La question se posa de savoir qui serait admis à faire hommage pour la Bretagne : serait-ce Jean, comte de Montfort ? Serait-ce Charles de Blois, comme époux de Jeanne comtesse de Penthièvre ? Cette grave question fut portée devant la cour des pairs, qui, le 7 septembre 1341, allait juger en faveur de Charles de Blois.

Or devant la cour des pairs Jean de Montfort avait produit un long mémoire dans lequel se pressent des arguments de toutes sortes empruntés à la Bible, au droit féodal français, à la Coutume de Bretagne.

Dans ce fouillis nous signalerons deux citations de droit *civil* (comme nous disons aujourd'hui), qui se trouvent dans les *réponses* de Jean de Montfort au principal argument de Jeanne de Penthièvre.

Jeanne disait : « Mon père Guy de Bretagne, frère germain du duc Jean III, s'il avait vécu, aurait succédé à son frère germain, de préférence au comte de Montfort né d'un second mariage du duc Arthur. — Mon père est mort ; mais je prends sa place, en vertu du droit de représentation admis en Bretagne. »

Le comte de Montfort ne niait pas que la représentation ne fût admise dans le duché ; mais il prétendait démontrer que « si la représentation a lieu en Bretagne pour les fiefs particuliers des sujets, elle n'a pas lieu en la maison du prince ».

Il posait en principe que « les coutumes des sujets ne sont pas pour le souverain ; » il citait —, on peut dire il accumulait — des exemples de règles obligatoires pour les sujets et qui n'obligent pas les ducs et les duchesses de Bretagne.

Voici seulement deux de ces règles :

« Les veuves des sujets font foi (hommage) pour cause de leurs douaires. La duchesse ne fait rien pour cause du sien. »

« Les femmes des sujets ont leur douaire réglé. Les femmes des ducs n'ont point de douaire autre que ce qu'il plaît aux ducs de leur établir, à l'exemple des reines de France. »

Reprenons ces deux propositions.

1° « Les veuves des ducs de Bretagne ne font pas hommage à cause de leurs douaires ».

Cette règle se fondait apparemment sur des lettres de Philippe-le-Bel antérieures de vingt-cinq ans et dont voici une traduction exacte mais un peu abrégée (1).

« Philippe (le-Bel), à ceux qui les présentes verront salut. — Savoir faisons que nôtre cher et fidèle Jean duc de Bretagne (2), nous a fait hommage pour *tout son duché*. . Il nous plait et nous voulons que notre chère et fidèle Yolande autrefois duchesse de Bretagne, comtesse de Montfort, possédant un douaire dans ce duché le tienne, *sous la garantie du duc*, sans nous en faire autre hommage. Donné à Paris, le 1er jour de mars l'an du Seigneur 1316 ». (1317 nouv. st.).

Cette décision s'explique très simplement. Yolande de Dreux, veuve d'Arthur II en second mariage et belle-mère de Jean III, a un douaire, un usufruit ou une rente assise sur des seigneuries bretonnes. Jean III, qui a succédé à son père, en 1312, a fait hommage de tout le duché : cet hommage suffit au roi.

Très bien ! Mais Montfort transforme à tort cette décision en règle générale. La décision du roi a pour motif la *garantie* du duc. Or « *garantir* c'était se charger de rendre hommage pour la terre entière, quoiqu'on en démembrât quelque partie pour douaire ou par-partage » (3).

« 2° « Les femmes des ducs n'ont pour douaire que ce qu'il plait aux ducs de leur établir, à l'exemple des reines de France (4) ».

Il nous faut ici jeter un coup d'œil sur notre ancienne législation en matière de douaire.

(1) Lobineau, *Pr.* 470.

(2) Il s'agit du duc Jean III, (1312-1341).

(3) Lobineau. *Hist.*, p. 301.

(4) La parité n'est pas complète, comme nous verrons.

Notre Très Ancienne Coutume a été écrite vers 1330 ou 1340 (1). Son chapitre 31 (nous disons aujourd'hui article), établissait au profit de toute veuve même remariée, un douaire qui était l'usufruit du tiers des immeubles de son mari. Rajeunie dans ses termes et, selon une expression qui revient souvent, « clarifiée », cette disposition a passé dans l'article 437 de l'Ancienne Coutume et enfin dans l'article 455 de la Nouvelle.

Voici le texte de l'article 455 : je le cite au lieu du texte un peu obscur de l'article 31 de la T. A. Coutume :

« Douaire est acquis à femme veuve, encore qu'elle se remarie, sur les héritages de son seigneur mari, pourvu qu'elle se soit portée loyalement en son mariage ; et doit avoir le tiers de ce dont son mari a eu possession ou droiture, durant le mariage, s'il n'y a convention contraire... » (2).

On le voit, la quotité du douaire, usufruit du tiers des biens du mari, n'a pas varié du commencement du XIVe siècle à la fin du XVIIIe.

Ce douaire établi par la loi du duché comme un *droit* pour la veuve était dit *douaire coutumier*.

Mais, outre ce *douaire coutumier*, il y avait un autre douaire que le mari pouvait accorder par son traité (ou contrat) de mariage et qu'on appela plus tard *douaire préfix* (3).

(1) Hévin, *Questions féodales*, p. 241, dit : « vers 1340, et non 1356, comme dit le sieur d'Argentré dans sa 1re édition du *Partage des nobles* ». P. 398, il dit « environ 1330 ». Dans ses *Consultations*, p. 612, Hévin dit « avant 1340 ».

(2) Je supprime les mots qui terminent l'article réformé.

(3) Nous le trouverons au XIVe siècle, nommé douaire *convenancier*. (Traité de mariage de Jean V avec Jeanne de France (1391). Plus tard, on a dit *conventionnel*, résultant d'une convention. C'est le même sens.

Les deux douaires étaient l'un comme l'autre acquis à la femme du jour de son veuvage et pour toute sa vie. Mais elle ne pouvait les cumuler ; elle devait choisir l'un ou l'autre (1).

Or la disposition si favorable aux veuves de Bretagne, écrite dans l'article 31 de la T. A. Coutume, ne regardait pas les femmes des ducs de Bretagne.

« Elles n'ont de douaire, dit le mémoire du comte de Montfort, que ce qu'il plait aux ducs de leur établir. »

Ce qui veut dire que, de *droit*, d'après la Coutume, les veuves des ducs n'ont pas de douaire *coutumier ;* et que c'est aux ducs leurs maris à suppléer en faveur de leurs femmes au silence de la Coutume, en leur faisant une attribution qui sera une sorte de *douaire préfix*. — Cette disposition se fera ou par une sorte d'acte de donation, ou par testament.

Mais, remarquons tout de suite que l'avantage ainsi fait aux femmes des ducs ne mérite guère le nom de *douaire* employé d'ordinaire. En effet le *douaire coutumier* ou *préfix* est de sa nature un droit *définitif, incommutable*. Au contraire, le douaire assigné à sa veuve par le duc défunt a besoin d'être ratifié par le successeur du décédé ; d'où suit que le successeur a la faculté de ne pas ratifier la disposition, qui peut être par lui réduite ou même supprimée.

Or, c'est le décès du mari donateur qui donne ouverture à la jouissance du douaire ; que le successeur refuse aussitôt sa ratification, la jouissance cesse à peine commencée; qu'il se contente de réduire l'importance du douaire, la volonté du décédé sera encore mé-

(1) Nous verrons Jean IV, dans le contrat de mariage de Jean V, accorder ce *choix*, comme si les duchesses avaient un douaire coutumier.

connue. En sorte que, un duc de Bretagne ayant constitué à sa femme un douaire opulent, pouvait, à ses derniers moments, se demander quel serait le sort fait à sa veuve!

Situation juridique singulière, mais que rendent certaine les faits que nous allons passer en revue.

Nous allons étudier les douaires assignés aux épouses des ducs de Bretagne depuis l'an 1236.

Cette étude commence donc à l'avènement de la maison de France au trône de Bretagne, (début du XIIIe siècle), pour finir à la réunion de la Bretagne à la France (1532). Dans cet intervalle d'environ trois siècles, nous verrons passer sur le trône dix ducs, sans compter Charles de Blois et le comte de Montfort, et quinze duchesses, en comptant nos deux reines de France, Anne et Claude(1).

(1) Une observation en forme d'avant propos : Nous allons avoir à établir le rapport de la *livre* aux XIIIe, XIVe et XVe siècles avec le *franc* monnaie actuelle. Je suivrai les évaluations de Leber, en faisant remarquer que, établies pour 1845, elles sont un peu faibles après soixante ans passés. — J'ajoute que M. de la Borderie critique les évaluations de Leber comme trop faibles à partir de la seconde moitié du XVe siècle (1450), et il a proposé d'autres évaluations que je donnerai avec celles de Leber. Les voici :

Le rapport de la livre au franc monnaie actuelle s'exprime ainsi

		Selon Leber	Selon La Borderie
XIIIe siècle	2e moitié.	113.79	113.79
XIVe —	1re moitié.	82.50	82.50
	2e moitié.	55	55
XVe. —	1re moitié.	41.25	41.25
—	2e moitié.	30	35 ou 40
XVIe —	1re moitié.	27	30

Ce qui veut dire que, pour obtenir la valeur en francs-monnaie actuelle, de la livre des XIIIe et XIVe siècles... il faut multiplier par 113,79, — 82,50 — etc.

1° *Contrat de mariage de Jean Ier dit Le Roux.*

En 1213, Alix, duchesse de Bretagne, fut donnée par Philippe Auguste en mariage à Pierre de Dreux, dit Mauclerc. En 1217, elle eut un fils qui fut Jean Ier dit le Roux ; elle mourut le 21 octobre 1221. Jean avait quatre ans et Pierre de Dreux, tuteur de son fils, allait gouverner la Bretagne avec le titre de duc pendant seize années.

En 1236, à la veille de sa majorité, Pierre obtint pour Jean la main de Blanche de Champagne, fille et alors principale héritière de Thibault, comte de Champagne et roi de Navarre.

Thibault traita royalement sa fille ; il promit de lui laisser la Navarre, même s'il avait un fils de son troisième mariage.

Voyant déjà ses descendants portant la couronne royale, Mauclerc agissant pour son fils promit comme douaire l'usufruit du tiers du duché de Bretagne et de

Il est quelquefois question *d'écus*. Les écus d'*argent* valant trois livres ont été frappés seulement sous Louis XIII, en 1641. Auparavant il s'agit *d'écus d'or*. Frappés sous Charles VI (mars 1384), ils valaient 23 sous ; Charles VII en fit frapper de 25 sous en 1436, de 27 sous en 1455. — La progression continue : en 1502, l'écu d'or est compté pour 33 sous.

Une fois, sous Charles VI, il sera question de *francs d'or*. Le mot *franc* était alors, comme il a été depuis, synonyme de *livre*.

La livre est invariablement à 20 sous.

Pour réduire les écus d'or à la livre, il faut donc : 1° multiplier le nombre des écus par 23,25,27 ou 33, selon les époques, pour obtenir le nombre des *sous* ; 2° diviser ce nombre par 20 pour avoir les livres ; 3° enfin multiplier par les chiffres indiqués ci-dessus pour avoir des francs valeur actuelle.

la moitié des terres que lui-même laisserait à son fils en France et en Champagne (1).

Cet acte était passé dans la seconde quinzaine de janvier (1236 n. st), cent ans avant la publication de la Coutume. Dans cette attribution du tiers des biens du duc en Bretagne il est permis de voir la preuve ou un indice que la quotité du tiers prescrite par la Coutume un siècle plus tard était déjà dans l'usage commun. Nous allons voir Jean le Roux affirmer cet usage.

Thibault mourut en 1253. Un fils lui était né; et dans son intérêt, le roi saint Louis détermina Jean le Roux à renoncer aux droits de Blanche sur la Navarre. A ces possessions lointaines, le duc Jean préférait sans doute des domaines en Bretagne; mais il allait faire payer sa renonciation. Avant de prendre possession du trône, Thibault II consentira au duc de Bretagne une rente annuelle de 3,000 livres (environ 340,000 francs) dont le duc, le plus grand manieur d'argent de son duché, saura faire un utile usage (2).

Vingt-six ans après son mariage, Jean le Roux modifie comme suit la constitution du douaire.

Il rappelle qu'il a « doué sa femme de toute la tierce partie de toute la duchée, laquelle chose, dit-il, nous

(1) D'après Lobineau, *Hist.* p. 236, la constitution de douaire serait faite dans le traité de mariage que Morice donne *Pr.* I-895-896. Ce n'est pas tout-à-fait exact. Dans cet acte il n'est pas question du douaire. Le douaire est consigné dans un autre acte dress comme le premier par Pierre de Dreux, à la même date et qui en parait une annexe. Morice. *Pr.* I, 898.

La date de ces deux actes est singulièrement énigmatique: An 1235, disons 1236 (nouv. st.) le mercredi après la fête de saint Hilaire en janvier. Cette fête tombe le 14 janvier. Le mercredi suivant était le 16. — L'acte est fait *in Castro Theodorici*. C'est Château-Thierry.

(2) Lobineau, *Hist.* 255-56.

pouvons faire aux us et aux coutumes de la duchée » ; mais en échange de cette tierce partie, à la requête de ses fils Jean et Pierre, il donne tout ce qu'il possède aux évêchés de Cornouailles et Vannes moins l'îlé de Rhuys, Guérande et diverses rentes en Normandie et en France. Du reste le duc laisse à la duchesse le choix entre ces deux parts (1).

Blanche n'eut pas à faire ce choix ; elle allait mourir en 1283, avant son mari qui survécut trois ans.

2° *Contrat de mariage de Jean II.*

En 1259, Jean le Roux obtint pour son fils Jean, comte de Richemont, la main de Béatrix, fille du roi d'Angleterre Henri III. Ce mariage fut négocié en même temps que la paix signée à Saint-Denis entre Henri III et le roi saint Louis. Nous ne savons pas les conventions concernant le douaire; mais la dot faite à Béatrix est à signaler. Elle consiste dans la rente annuelle de 3720 livres (environ 422 000 francs de nos jours) que le roi de France s'oblige à payer au roi d'Angleterre sur l'Agenois (2).

Béatrix allait mourir, en 1275, « à la fleur de son âge et d'une excellente beauté (3) ».

(1) Lobineau. *Hist.* p. 258 et *Pr.* 405-406. Malgré la généralité des termes *la tierce partie de toute la duchée*, il ne s'agit que du *domaine ducal* : et le duc a soin d'ajouter que « Blanche ne peut et ne pourra rien demander des conquêts que nous avons faits jusqu'aujourd'hui ». — C'est l'exécution anticipée de l'article 31 de la T. A. Coutume. Preuve nouvelle que la T. A. Coutume *écrite* n'a pas innové.

(2) Lobineau. *Hist.*, p. 257. — A ce moment le roi d'Angleterre demandait la restitution de Richemont par échange avec l'Agenois. La somme ci-dessus doit représenter le revenu de l'Agénois. — Du Tillet, *Recueil des traités*, p. 176.

(3) Lobineau. *Hist.* p. 470.

Nous avons une très gracieuse lettre de la duchesse Blanche au roi d'Angleterre père de Béatrix : la duchesse s'y montre très aimable belle-mère pour Béatrix, et grand'mère très fière de son petit-fils Arthur alors âgé de trois ans, qu'elle dit « moult bon, et moult bel (1) ».

Mais, après la mort de Henri III (1272), de Béatrix (1275), de Blanche (1283), de Jean le Roux (1286), cette union intime des deux maisons de Bretagne et d'Angleterre va cesser, comme nons allons voir plus loin.

3° *Contrats de mariage d'Arthur II.*

En 1275, Jean le Roux avait marié son petit-fils Arthur, bien qu'il n'eût que treize ans. Il obtint pour lui Marie ou Alix de Limoges, héritière de la vicomté. Sa mère et tutrice exigea le solennel engagement du duc, de son fils Jean et d'Arthur de défendre Limoges contre les Anglais; et le duc convint d'un douaire de 4000 livres (environ 455000 francs).

Marie de Limoges devint mère de Jean, qui sera le duc Jean III, de Guy, depuis comte de Penthièvre, et mourut en 1291.

Trois ans après, en 1294, Jean II, qui avait succédé à son père en 1286, allait remarier son fils.

Il lui donna pour femme Yolande de Dreux, fille de Robert IV et de Béatrix de Dreux, comtesse de Mont-

(1) Morice, *Pr.* 997, place cette lettre (non datée) entre deux pièces de 1265. A ce moment Béatrix avait « encore la feivre (*sic*) » ; mais les « fisechiens » (*physiciens* pour *médecins*) répondaient de sa guélison. — Arthur né le 25 juillet 1262 était dans sa quatrième année. — Après six siècles et demi, les mères du Bas-Maine parlent comme la duchesse Blanche et disent d'un enfant : « Il est bien *bon* », pour bien *fort*.

fort-l'Amaury. Depuis six ans, Yolande était veuve sans enfants du roi d'Ecosse Alexandre IV : elle portait et allait garder le titre de reine d'Ecosse. Le futur duc Arthur et Yolande étaient cousins au huitième degré : ils avaient pour ancêtre commun le petit-fils de saint Louis, Robert II de Dreux, père de Pierre Mauclerc bisaïeul d'Arthur et de Robert III bisaïeul d'Yolande (1).

L'année même de ce mariage, la guerre menaçait. Le duc Jean II faisait une sorte de recensement de son armée féodale (2) ; il se mettait à la disposition de son beau-frère Edouard Ier ; acceptait le titre de lieutenant du roi d'Angleterre (3), et partait en guerre pour la Gascogne. Puis, par une surprenante volte-face, il quittait l'armée anglaise et se joignait à l'armée française à laquelle il apportait un secours aussi efficace qu'inattendu (1296).

En prix de ce service, le roi offrit à Jean II le titre de pair qui emportait celui de duc (1297). Ebloui de ce titre de duc, que « les lettres royaux » ne lui donnaient pas, Jean II ne vit pas les conséquences qu'allait avoir pour le duché l'érection en pairie. La première,

(1) Lobineau. *Hist.* p. 281.

Lobineau dit « parents au 4e degré. » Nous comptons autrement : Voici la généalogie.

Robert II petit-fils du roi saint Louis.	
Pierre Mauclerc.	Robert III dit Gateblé.
Jean Ier Le Roux.	Jean Ier.
Jean II.	Robert IV.
Arthur II.	Yolande.

(2) Osts dues au duc. Lobineau. *Pr.* 436-41. — Morice. *Pr.* I. 1110.

(3) Brevet de lieutenant général en Aquitaine et terres adjacentes.... 1er juillet 1394. — Lettre du roi aux Aquitains prescrivant l'obéissance au duc. Morice. *Pr.* I. 1115.

c'est que le duc s'engageait à l'hommage *lige*, contre lequel ses successeurs protesteront, sans pouvoir toujours s'en défendre.

Mais ce n'est pas tout. Sur un point important, la pairie allait modifier le droit public de la Bretagne. Jusque-là, les fiefs des duchesses n'entraient pas dans le domaine ducal. Au contraire, les fiefs des reines entraient au domaine royal. Cette règle s'appliquait aux fiefs du royaume, et l'érection en pairie allait y soumettre la Bretagne (1).

Yolande a vu mieux que personne les inconvénients que l'érection en pairie a pour ses enfants ; et après la mort de Jean II (18 novembre 1304), elle va parer au danger.

La reine douairière n'était pas riche. Comme si elle eût résolu de garder le veuvage, elle avait renoncé au profit de son frère à tous ses droits dans la succession de son père, ouverte en 1282; même dans la succession future de sa mère comprenant notamment Montfort et ses annexes. Le prix très modique de cette renonciation avait été une rente de 1,000 # (113,730 de nos jours.) Son frère lui avait donné en dot une rente de 1,500 # (170,000 francs) ; elle apportait donc une rente de 2,500 # ou (284,000 francs).

C'était peu pour un futur duc de Bretagne. Un douaire fut-il convenu lors du mariage? C'est probable, mais nous n'avons pas le contrat ; un acte postérieur du duc y suppléera.

Yolande avait eu un fils nommé Jean, comme l'aîné

(1) L'érection en pairie est de septembre 1297.

Lobineau. *Pr.* — 442. — Le duc est créé pair - quemadmodum dux Burgondiæ. — Oui ; mais la Bourgogne a été détachée du royaume et la Bretagne pas.

de ses frères consanguins, et cinq filles. En devenant mère, la duchesse de Bretagne oubliera le désintéressement de la reine d'Ecosse; et, sans négliger ses intérêts propres, elle sera ambitieuse pour ses enfants, et surtout pour son fils.

Mais que d'obstacles! Yolande a par avance renoncé au comté de Montfort. Mais, le comté fût-il en sa possession, après l'érection en pairie, il entrera dans le domaine et pourra être le partage d'un fils du premier mariage. Yolande ne l'entend par ainsi.

Elle fait représenter au roi qu'elle s'est mariée sous la loi bretonne, avant l'érection de la Bretagne en pairie; et que cet acte ne peut porter préjudice à ses droits et à ceux de ses enfants. Le roi en conseil accueille sa requête. Lettres du 24 septembre 1309 (1).

Ainsi le comté de Montfort, s'il entre dans les mains d'Yolande, suivant l'ancienne Coutume bretonne, n'entrera pas dans le domaine ducal et passera au fils de la duchesse.

Quand elle a cette assurance, Yolande obtient de son frère qui dépérit le retrait du contrat de renonciation (1310). Elle ne recevra plus sa rente de 1000#; mais elle redevient *habile* à succéder à son père et à sa mère, et elle aura bientôt l'héritage : son frère meurt peu après; et sa mère, l'année suivante (1311) (2).

(1) Lobineau. *Hist.* p. 295. *Pr.* 459.

(2) Lobineau. *Hist.* p. 301.

Le comté était digne des préoccupations d'Yolande. Voici où nous prenons l'évaluation du revenu de Montfort. En 1311, la duchesse Yolande, seconde femme d'Arthur, et mère de Jean de Montfort, hérita le comté de sa mère Béatrice de Dreux. Elle devait au roi un droit de rachat de 6000 # pour le paiement duquel le roi accorda un sursis au duc Arthur (Arch. de la Loire-Inf. E, 245). — 6000 # de cette époque font 495 000 francs actuels (en comptant

Au même temps, le duc semble tirer à sa fin ; Yolande obtient de lui une donation et un testament.

Par le premier acte (1) Arthur institue : 1° pour elle-même un douaire de 7 000# (577,500 fr.) ; 2° pour ses enfants une rente de 8000# (600 000 fr.), dont Jean futur duc fait aussitôt l'assiette jusqu'à concurrence de 3300# (272,000 fr.), sur les domaines de Perche, de Maine et de Normandie ; 3° pour son fils Jean (de Montfort) une rente de 500# (41 250 fr.) avec la seigneurie de Guérande que le duc prend soin d'évaluer 12000# environ un million de notre monnaie.

J'emprunte ce chiffre de 8000 à nos deux historiens bénédictins (2). Dans la marge en regard de ce chiffre, Lobineau écrit : « d'autres disent 20000, mais à tort » (3).

Or dans leurs *Preuves*, les deux historiens impriment sous le titre de « Partage donné aux enfants de la duchesse Yolande », un acte dressé en présence d'Arthur II et daté d'octobre 1311, qui commence ainsi :

« Nous Yoland, duchesse de Bretaigne, avons volu et volons qu'en l'assiette de XX mil livres de rente que dèvent avoir nostre fieux Jehan et nos filles pour leur

à 82). Or, ce droit de mutation était à Montfort comme en Bretagne d'une année de revenu. Duparc-Poullain. (*Coutumes générales....* I. p. 273, sur l'article 67 de la Nouvelle Coutume. Il cite à ce propos la Coutume de Montfort, art. 31).

Ajoutons que Charles V. en punition de la félonie de Jean IV avait confisqué Montfort (1370) et qu'il le donna (en viager) à du Guesclin, qu'il créait connétable. Avant 1377, du Guesclin rendit Montfort au roi, qui l'indemnisa de 15000 francs (ou livres) d'or, au moins 885000 francs (comptant à 55).

Voir *Seigneuries des ducs de Bretagne, hors de Bretagne*, par J. Trévédy (1897), p. 21 et suivantes.

(1) Cité à un partage dont nous allons parler.

(2) Lobineau, *Hist.*, page 296. Morice, *Hist.*, I, p. 229.

(3) Lobineau, *Pr.* 464-465. Morice, *Pr.*, I, 1233.

portion des terres de nostre chier seignor et espoux le duc, père des dits enfants, segond (selon) la forme d'une convenance (convention) faite entre nous... » (1).

Le chiffre XX mil livres est répété plus loin.

Ce chiffre élève l'apanage à un million 650 000 francs (de rente) de notre monnaie : soit pour chacun des six enfants, si les parts étaient égales, 275 000 francs (2).

Par son testament le duc « ordonnait pour le mariage de ses filles 20,000 (1.650.000 francs) (3). »

(1) Il y a donc eu une *convention*. Morice, *Pr.* I, 1233.

(2) Y a-t-il quelque raison de *corriger* cet acte et d'écrire 8000 avec Lobineau copié par Morice ? M. de la Borderie ne l'admet pas. *Hist.*, III, p. 400, note 5.

A propos de cet acte, D. Morice, *Hist.* I. p 229, fait cette réflexion... « Mais que ne peut pas une femme habile et caressante sur l'esprit d'un homme qui a des sentiments d'humanité ?... »

(3) Ce legs est appris par le traité entre Jean III et la duchesse ratifié par le roi. Poissy, avril 1312 (1313 n. st.). Morice, *Pr.* I, 1237-1241. Voir notamment 1239.

Arthur laissait cinq filles de son second mariage : Jeanne, Béatrix, Alix, Blanche et Marie. — Lors de cet acte, Jeanne avait quatorze ans, et elle y comparut avec sa mère. A la somme de 20,000# (1.650.000 francs) « ordonnée » par Arthur, Jean III ajouta une somme de 4.000# (330.000 francs) ; et la somme de 24.000# (1.900.000 fr. disons deux millions) fut distribuée comme suit :

10.000# à Jeanne, l'aînée avec un immeuble important, (ou 825.000 francs).

14.000# à partager également entre les quatre sœurs, soit 3500# à chacune 288.750 francs ; il fut entendu que la part de celle qui mourrait accroîtrait aux autres. Or la troisième sœur, Blanche, mourut enfant ; la quatrième Marie, religieuse à Passy, se contenta d'une rente viagère de 400# (33.000 fr. (Lobineau. *Hist.* p. 302. Morice, *Pr.* I, 1337), en sorte que les parts de Béatrix et d'Alix furent de 7000# (577.500 francs).

Jeanne épousa (1323) Robert de Flandre ; — Béatrix (contrat de 1315) Guy de Laval ; et Alix, 1329, suivant contrat de 1320, Bouchard, comte de Vendôme.

On verra plus loin (p. 20, texte et note 1), un second traité postérieur de onze années, et qui, modifie singulièrement les dispositions du présent traité.

Ces dispositions prises, Arthur meurt au château de l'Isle, à l'entrée de la Vilaine, le 27 août 1312. Il croit apparemment avoir assuré la paix dans la maison de Bretagne.

4° *Contrats de mariage de Jean III* (*1312-1341*) (1).

Jean III fut marié trois fois. Nous viendrons tout à l'heure à ses trois contrats de mariage ; mais auparavant il faut dire ses débats avec la duchesse Yolande à propos des dernières dispositions d'Arthur II.

Jean s'était empressé, nous l'avons vu, du vivant de son père, de faire du moins en partie l'assiette du douaire d'Yolande (2). Cet empressement semblait l'indice de sa parfaite soumission aux volontés de son père ; mais devenu duc il allait changer d'attitude.

La duchesse douairière réclama-t-elle trop vivement ses droits et ceux de ses enfants ? Les exécuteurs testamentaires agirent-ils avec trop de rigueur, comme Jean III les en accusa un peu plus tard (3). A la réflexion, le duc trouva-t-il les libéralités paternelles trop onéreuses ? Toujours est-il qu'en 1313, il imagina un moyen héroïque de s'en affranchir.

Il signala au pape Clément V le mariage de son père comme nul pour deux raisons : la clandestinité et le

(1) Les premières pages qui suivent ce titre pourraient *dérouter* le lecteur s'il n'était averti de l'ordre que je vais suivre. Le voici : je parlerai d'abord du *douaire* dont le duc Jean III a l'exécution. Je reviendrai ensuite à ses *contrats de mariage*. — Je suivrai le même ordre quand je parlerai de Pierre II et d'Arthur III.

(2) Ci-dessus p. 16.

(3) Plainte au pape Clément V (Morice, *Pr.* I, 1248). — Ce pape dont le nom va revenir était Bertrand de Goth, archevêque de Bordeaux, intronisé en 1305 et qui transporta la résidence à Avignon (1309). Il avait dû pour une grande part sa nomination à Philippe le Bel. Mort en 1314.

défaut de dispenses que la parenté des deux époux rendait nécessaires (1). L'annulation prononcée, le droit d'Yolande au douaire s'évanouissait, et ses enfants devenus illégitimes n'avaient rien à réclamer.

Mais le mariage n'avait pas été clandestin ; et les époux étant cousins seulement au degré qui suit celui de cousins issus de germains, le pape crut pouvoir se rendre au désir exprimé par le roi Philippe le Bel, et il repoussa la tardive requête de Jean III (2).

On peut croire que Jean, quelque peu honteux de l'injure faite à la mémoire de son père, se laissa facilement ramener par le roi à un accommodement. Il nomma pour arbitre Charles, comte de Valois, qui avait été son beau-père, Yolande en nomma un autre ; et ils dressèrent un projet d'accord que les parties acceptèrent, que le roi ratifia et dont voici les bases (3).

La rente de 8000# (660.000 fr.), faite aux enfants d'Yolande est assise sur les terres de Perche, Maine et Normandie, à défaut sur « rentes en deniers » de Normandie et Champagne, et au cas d'insuffisance (très improbable) sur une terre en Bretagne.

Le douaire de 7000# (577,000 fr.) sera assis pour 4000# (330,000 fr.) sur la seigneurie de St-Aubin-du-Cormier. Le reste, 3000# (247,000 fr.) sera acquitté par le duc lui-même en deux termes égaux à Noël et à la St-Jean.

Enfin les 20,000# (1,650,000 fr.) en capital « ordonnées par le testament d'Arthur pour le mariage de ses cinq filles » seront payées comme suit : le duc remettra 10,000# (825,000 fr.) à Jeanne, l'aînée ; — et il paiera

(1) Voir ci-dessus, p. 13, note 1.
(2) Morice, *Pr.* I, 1248.
(3) Morice, *Pr.* I, 1237-41. Avril 1312 (1313 n. st.).

14,000# en sept années à raison de 2000 à chaque jour de Noël.

Ainsi le duc aura payé 24,000# au lieu des 20,000# portées au testament. Il semble donc gratifier ses sœurs ou sa sœur Jeanne de 4000#.

Yolande et Jeanne, qui avait alors quatorze ans, comparaissent à l'acte pour l'approuver.

La paix était rétablie. D'autres débats survinrent huit ans après, à raison peut-être de l'inexécution du premier traité. Un second accord fut conclu à Vannes le 11 juin 1321. Il fut convenu que le douaire de la duchesse serait assis comme auparavant sur St-Aubin-du-Cormier, et en plus sur terres de Tréguier, Guérande, Dinan et Hédé. Il semble aussi que la somme de 10,000# appartient encore à Jeanne ; mais, pour ses deux sœurs cadettes, devenues seules héritières avec Jeanne, il n'est plus question que de 4000#, 2000 à chacune. En sorte que le legs de 20,000# porté à 24,000# par l'accord de 1313 aurait été définitivement réduit à 14,000 par l'accord de 1321 (1).

(1) Lobineau, *Hist.* p. 302. Il ajoute que ce second accord fut ratifié par le roi, en 1323 et 1324. — Mais il ne donne pas l'acte ou les actes à ses *Preuves*; Morice non plus. En 1313, c'était Philippe le Bel qui ratifiait, en 1323 et 1324, c'était Charles IV le Bel.

Voir plus haut (p. 17) la note 2 sur le traité de 1312, et les alliances des filles du duc Arthur II.

Les 14000 # étaient à partager entre les quatre sœurs, soit 3500 # à chacune, 288 750 francs. Nous avons dit (ci-dessus, p. 17, note 2), que la part de celle qui mourrait accroîtrait aux autres, que la troisième sœur, Blanche, mourut enfant, la quatrième, Marie, religieuse à Passy, se contenta d'une rente viagère de 400 # (33000fr.) (Lobineau. *Hist.*, p. 302. Morice, *Pr.* I. 1337). Il suit de là que les parts de Béatrix et d'Alix devaient être de 7000 # (577 000 fr.). Mais il semble qu'elles furent réduites à 2000 # (165000 fr.) par l'accord de 1321.

La duchesse Yolande mourut l'année suivante...

Avant de parvenir au trône, Jean III avait été marié deux fois. En 1298, son grand-père Jean II, l'avait fiancé à Isabelle de Valois. Elle mourut en 1309; et, l'année suivante, Jean épousa Isabelle de Castille. Devenu duc, il contracta un troisième mariage avec Jeanne de Savoie. Nous en dirons quelques mots plus tard. Parlons d'abord avec quelques détails des deux premiers contrats de mariage.

En même temps qu'il créait le duc Jean II pair de France (1), Philippe le Bel lui offrit pour son petit-fils Jean, déjà héritier de Limoges, et futur duc de Bretagne, la main d'Isabelle de Valois. Elle était nièce du roi, fille de son seul frère germain, Charles, comte de Valois, Alençon, Chartres et Anjou. Nous allons le voir, le roi tenait à s'attacher la Bretagne par un nouveau lien.

Né le 7 mars 1286, Jean avait huit ans, et Isabelle trois ou quatre. Le contrat de mariage où sont parties le comte et la comtesse de Valois, Jean II et son fils le futur duc Arthur II, fut dressé probablement en février 1297 (1298 n. st.), en tout cas avant le carême (2).

(1) Ci-dessus... p. 13. Nous avons dit que jusque-là les rois n'avaient donné aux souverains de Bretagne que le titre de *comte*. D'Argentré fait remarquer (*Hist.* f° 258-C) que « lors on ne mettait pas grande différence entre les deux titres. » Témoin les fils des rois dits comtes d'Evreux, de Dreux, d'Artois et non ducs.

(2) Morice, *Pr.* I. 1123-1126.

Il est écrit dans l'acte, « le mardi avant les *Brandons* », D. Morice met en note : « La fête ou cérémonie des *Brandons* se faisait les dimanches de septuagésime, sexagésime, quadragésime. » Mais d'autres disent seulement quadragésime, 1er dimanche de

Le comte de Valois promit en dot une rente de 2500 # (environ 284.000 francs) assise sur la Roche-sur-Yon, et, s'il fallait un supplément, sur deux terres en Anjou, Maine, Chartres ou Perche. Le comte mit aussitôt ces terres aux mains du duc de Bretagne, apparemment en sûreté de ses engagements, mais à la condition que nous dirons plus loin.

En outre Charles de Valois promit en capital une somme de 20,000# (2.272.000 fr.) payable comme suit : 5000# (568,000 fr.) un mois avant la bénédiction du mariage ; 5000# dans l'année qui suivra ; 10.000#, (1.136.000 francs) dans les deux années suivantes.

Cette dernière somme doit être employée à l'achat d'une terre pour Isabelle et ses hoirs. Si elle meurt sans enfants, la somme de 20,000# ou les immeubles payés par elle ou partie d'elle reviendront aux père, mère ou héritiers d'Isabelle.

Enfin, si elle meurt avant l'âge du mariage, le comte s'engage à donner Jeanne, une autre fille, à Jean, ou, s'il mourait aussi, à son frère Guy. Si Jeanne est morte ou mariée et que Jean meurt, une sœur cadette, Marguerite, épousera Guy.

De son côté le duc Jean II promet de rendre chaque année, jusqu'à la célébration du mariage, tous les profits de la terre de la Roche-sur-Yon et autres. Il n'en aura donc été que gardien durant tout ce temps.

Le duc constitue en douaire une rente de 2000# (227.000 francs) assise sur terres en Perche et Champagne, et au besoin en Bretagne ; et il ajoute « sauf le

carême. En cette année 1298 (n. st.) Pâques était le 6 avril, date qui fixe les dimanches ci-dessus aux dates 2, 9, 16, 23 février. Si on s'arrête à la quadragésime, 23 février, le mercredi des *cendres* étant le 19, le *mardi* précédent (mardi gras) était le 18.

douaire qu'Isabelle devrait avoir par la coutume du pays en la terre de Jean par sa mère ; et le douaire qu'elle devrait avoir en nos terres de Bretagne et d'ailleurs, après la mort de nous, Arthur et Jean » (1).

Le duc consent à l'avance, dans les hypothèses prévues plus haut, aux mariages de Jean et de Guy avec les sœurs d'Isabelle.

Enfin une clause à signaler. Charles de Valois promet solennellement à Arthur, que « pour avoir consenti au mariage de son fils, il n'aura à souffrir aucun dommage à raison d'une coutume que l'on dit exister en Bretagne : « Si gentilhomme marie son fils aîné et « que le mariage soit fait de son assentiment, il lui « doit bailler le tiers de sa terre en pourvéance... (2) »

Par le « tiers de la terre », il faut entendre la jouissance, l'usufruit. Le fils ne pourra ni vendre ni hypothéquer.

Comment le comte de Valois est-il si bien informé de cette coutume bretonne ? C'est Arthur qui l'en a instruit, parce qu'il entend se prémunir contre cette

(1) « Nous » le duc qui parle, « Arthur » son fils, qui est présent, « Jean » le jeune fiancé.

Voilà un grand étalage d'espérances présentes ou lointaines !

« La terre de Jean par sa mère » c'est notamment la vicomté de Limoges. Quelle en était la coutume au point de vue du douaire à cette époque ? Nous ne le savons pas.

Mais en Bretagne, le douaire coutumier n'existant pas au profit des duchesses, la mort de l'aïeul, du père et de Jean ne pouvait rien changer à la situation de la douairière de Jean.

(2) Le comte emploie des termes équivalents. Je prends ceux que je trouve dans l'ordonnance datée de 1301 dite « ordonnance du duc Jean II en interprétation de l'assise du comte Geffroy ». (Hévin, *Questions féodales*, 2e pagination, p. 11, art. 5, — ou Morice, *Pr.* I, 1166). Cette prétendue ordonnance n'est qu'une « compilation de règles coutumières tirées de diverses sources ». La Borderie, *Hist.* III, 283, note 2.

règle du duché. En effet il prend seulement l'engagement, après qu'il sera devenu duc, de verser chaque année à son fils une rente de 3000# (338.000 francs).

On peut conclure de là que, malgré ses termes absolus, la règle ne recevait pas une exécution bien rigoureuse, puisque des conventions pouvaient y être substituées dès le XIIIe siècle. Plus tard, elle recevra dans la Coutume écrite des adoucissements et des exceptions et finira par être sans application (1).

Le mariage de Jean et d'Isabelle de Valois fut célébré. Nous avons dit que Jean devenu veuf en 1309 épousa l'année suivante Isabelle de Castille, cousine germaine de sa première femme (2).

Nous ne savons si Jean avait donné Limoges en

(1) La règle ci-dessus est empruntée aux *Etablissements de Saint-Louis*, liv. I, chap. 19. L'article 5 ajoute : « et autant si le fils a été fait chevalier de l'assentement de son père. » La règle passa dans l'art. 212 de la Très Ancienne Coutume, avec une sorte de compensation : « En ce cas le père prendra le meuble de la femme au fils. » Cet article devint (en 1539) l'article 406 de l'Ancienne Coutume, et, en 1580, l'article passa dans l'article 460 de la Nouvelle, avec cette restriction très raisonnable : « excepté au cas où le fils aurait, de la succession de sa mère ou d'ailleurs, des biens suffisants pour s'entretenir honnêtement selon son état et qualité. »

Les jurisconsultes remarquent que cet » article n'est plus en usage et n'aurait d'application qu'au cas où il n'y aurait pas de contrat de mariage, qu'on ne manque jamais de faire entre les personnes de qualité dont il est question ici. » Président de la Bigotière de Perchambault. *Commentaires*, éd. de 1702, p. 591. Duparc-Poullain, *Coutumes*, t. III, p. 255-256.

C'est justement ce qu'a fait Arthur et « les conventions font la règle ».

(2) Dispenses accordées par Clément V, pour alliance au 3e degré. Morice *Pr.* I, 1230-1231. Isabelle de Valois était petite-fille de Philippe le Bel et d'Isabelle d'Aragon ; et Isabelle de Castille petite-fille d'une sœur d'Isabelle d'Aragon mariée à Alphonse X le Sage, roi de Castille.

douaire à Isabelle de Valois : c'est assez probable, puisque nous le voyons donner cette seigneurie à Isabelle de Castille, et plus tard à sa troisième épouse. Du reste, nous n'avons pas le contrat du second mariage avec Béatrix ; et le don de Limoges nous est appris par un acte du mois de mars 1312 (1313 nouv. st.) du roi Philippe-le-Bel (1).

Le roi approuve l'acte par lequel, avant son mariage, c'est-à-dire par le contrat du mariage célébré, comme nous l'avons dit, en 1310, Jean a donné « *pour présent de noces*, à Isabelle la vicomté de Limoges pour en jouir pendant sa vie et les enfants qui naîtraient de son mariage ». Le roi rappelle qu'une des conditions de la donation est qu'Isabelle recevra les hommages des fiefs de la vicomté ; et un autre que Jean « s'oblige à faire en sorte que son frère Guy laisse Isabelle en paisible jouissance ».

Cette obligation doit être une réponse à cette objection : « Mais Limoges est la principale seigneurie de votre mère. Que va dire votre frère Guy ? »

Or, après un an juste, un nouvel acte du roi, daté de mars 1313 (1314 nouv. st.) nous apprend que Guy a vivement réclamé son partage, que des amis sont intervenus, et ont ramené la paix entre le duc et Guy ; et, pour la cimenter, le roi ratifie, approuve et, à la demande des deux frères, confirme l'accord passé entre eux. Voici en résumé cet accord :

Jean donne à Guy en apanage et sans aucune réserve la vicomté de Limoges à deux conditions :

Guy renonce à quelques successions collatérales men-

(1) Morice, *Pr.* I, 1243. Le contrat de mariage sera mentionné dans un acte postérieur. Voir ci-dessous, p. 26, texte et note 2.

tionnées dans l'acte; et il paiera, chaque année, une rente de 2000# (110.000 fr.) à la duchesse Yolande sur son douaire (1).

Quand le duc signait cet acte, et quand le roi et son conseil le ratifiaient, duc, roi, et conseil du roi avaient apparemment oublié que, plusieurs années auparavant, le duc avait donné Limoges à Isabelle de Castille non seulement en douaire, mais en *don de noces*. Or, à la différence du douaire, dont l'ouverture est soumise à la condition de survie, le don de noces reçoit une exécution immédiate.

Que va dire Isabelle qui, elle, se souvient? Isabelle proteste contre le don de l'apanage et n'obtient rien. Pour couper court à toute discussion, elle se met en possession. C'est au tour de Guy de se plaindre. Le duc n'écoutant rien, Guy s'empare de Limoges et s'y installe à main armée. Le duc le laisse faire. Isabelle recourt à son neveu Alphonse XI, roi de Castille. Il se joint à elle pour assigner Guy devant le parlement de France. Le roi intervient; et, au mois d'avril 1317, le parlement ratifie et rend exécutoire un accord entre les parties. La première condition de cet accord c'est la reconnaissance du douaire ou présent de noces fait à Isabelle (2).

(1) Partage de Guy. Morice, *Pr.* I, 1248.

(2) L'acte est daté « du mois d'avril 1317. » Il est donc postérieur au 3 avril, jour de Pâques qui commençait notre année 1317. — Il faut dire que Philippe le Bel qui statuait en 1313 était mort en novembre 1314, Louis X en juin 1316, et que en 1317, c'est Philippe le Long, sacré le 9 janvier 1317, qui statue. — Dans les *Preuves*, cet acte est inexactement intitulé : *Douaire de la duchesse Isabeau de Castille.* — Morice, *Pr.* I, 1269-1273. Lobineau, *Pr.* 470-471). En réalité c'est un accord passé en conseil du roi. A remarquer que l'acte donne au

Mais Guy a droit à un apanage. Son frère va le lui donner en Bretagne. En 1316, Guy a épousé Jeanne de Penthièvre, dite d'Avaugour, héritière du Goello, seul mais important débris de l'ancien comté de Penthièvre, comprenant environ cent paroisses entre le Gouet et le Trieux (1).

Jean III offrit à son frère l'ancien comté de Penthièvre, de l'Arguenon au Gouet, moins pourtant la seigneurie et le château de Jugon évalués 300 # de revenu (25.000 francs) (2) et plus le comté de Guingamp, les seigneuries et châteaux de Pontrieux, c'est-à-dire de Châteaulin-sur-Trieux, et de la Roche-Derrien, vers Tréguier.

Toutes ces seigneuries, sont évaluées 8000# de rente (660.000 francs). Il est convenu que Guy paiera chaque année sur le douaire de la duchesse Yolande la somme de 2000# (165000 fr.).

don fait à Isabeau un double caractère, douaire et présent de noces, et renvoie au contrat de mariage : « in tractatu matrimonii celebrandi donarium seu donationem propter nuptias. » — Morice, 1270, haut de la page. Lobineau 471 (12e ligne). — Voir le résumé de cet acte dans table des *Preuves* de Lobineau, p. XXVIII.

On lit dans l'article 206 de la Nouvelle Coutume : « femme ne peut avoir don et douaire ensemble... » règle empruntée tardivement aux coutumes voisines, et qui doit s'entendre du cas où l'objet du douaire est distinct de la donation.

(1) Le Goello s'entend à cette époque moins la seigneurie de Quintin détachée vers 1227 (28 paroisses).

Jeanne était en même temps dame de Mayenne, au Maine.

(2) On a dit que la forteresse de Cesson fut exceptée de cet apanage; mais elle n'est pas nommée dans l'acte. Qu'était-elle à cette époque? La Tour de Cesson dont nous voyons les restes ne fut construite que par Jean IV, et achevée et couverte par Jean V, après 1407. V. Mandement de Jean V (16 avril 1407). *Actes de Jean V*, n° 558. *La Tour de Cesson*, par J. Trévédy, p. 36.

Guy se hâta d'accepter cet apanage au cœur de la Bretagne. Un terme de deux années est accordé à Isabelle pour choisir entre Limoges et les seigneuries bretonnes. C'est dire que les deux lots sont égaux.

Malheureusement pour la Bretagne, elle se tint à Limoges. Que n'a-t-elle choisi le Penthièvre! A sa mort, le 24 juillet 1327, ce comté eût fait retour à la couronne, et une cause de divisions fatale à la Bretagne aurait été prévenue.

C'est ainsi que Jean III répara une première et presque incroyable maladresse par une seconde maladresse!

Maîtresse de l'ancien Penthièvre, Jeanne quitta le nom d'Avaugour pour reprendre celui de ses ancêtres de Penthièvre; elle mourut en 1327; Guy la suivit en 1331. Ils laissaient une fille unique, dite comtesse de Penthièvre, âgée de quinze ans, dont Jean III fut le tuteur.

Un an auparavant (21 mars 1329, 1330 nouv. st.), le duc avait épousé Jeanne de Savoie et lui avait donné en douaire la vicomté de Limoges.

Presque au même temps, Jean de Montfort épousait Jeanne de Flandre. Un fils (qui sera Jean IV) leur naîtra en 1339. Le duc en sera le parrain; mais il tiendra toujours le comte de Montfort éloigné des affaires.

Mais une question tourmente le duc : Va-t-il disposer du duché? et en faveur de qui? Selon le droit breton, le duché appartient à sa nièce et pupille, Jeanne de Penthièvre par représentation de son père Guy décédé. Selon la coutume française il appartient à Jean comte de Montfort (1).

(1) Yolande n'avait pas prévu, semble-t-il, cette éventualité, lorsque trente ans auparavant, elle demandait à Philippe le Bel de déclarer que, son mariage ayant précédé l'érection de la Bretagne en pairie,

Le duc n'osait décider entr'eux ; et, dans sa perplexité, il songeait à donner la Bretagne au roi de France par échange avec le duché d'Orléans. Son projet transpire ; ses barons viennent en troupe le trouver, et lui donner des conseils, qu'il n'a pas demandés, mais qu'il va suivre (1).

Chose curieuse ! Cette question de la succession de Bretagne sur laquelle le duc hésite, elle est nettement tranchée en Angleterre. En 1335, le roi Edouard III envoie une ambassade « à son très cher cousin le duc », pour demander sa « nièce et héritière » au nom de son frère le comte de Cornouaille. Il faut au roi pour son frère non la dame de Penthièvre, mais la future duchesse : la Bretagne aux mains de son frère mari de la duchesse, sera aux Anglais une porte ouverte sur la France. (Décembre 1335) (2).

elle et ses enfants suivraient la coutume bretonne. Elle n'avait songé qu'à empêcher Montf... entrer dans le domaine ducal. Ci-dessus, p. 15.

(1) D'Argentré. *Hist.* p. 271, v° F. : « Entre autres, le baron de Raiz Gérard III dit que « jà le duc d'Orléans ne serait duc de Bretagne ; « et qu'il aimerait mieux tenir les ducs de Bretagne et d'Orléans « en sa gloriette (en prison) que de souffrir qu'ils missent les « barons en une telle briguedondaine». — « Tels étaient, remarque l'historien, les mots de ce temps-là. » Ajoutons : Tel était aussi le libre et patriotique langage que les barons faisaient entendre et que les ducs écoutaient.

Par *triquedondaine*, *triguedondaine*, on entendait *baliverne*. Un érudit confrère m'adresse cette curieuse note :

Le mot semble formé des deux mots *trique* et *dondaine*. *Trique*, en bas-latin *trica*, signifie *tromperie*. La *dondaine* était une bouteille au fond percé de trous : en chantant dans le goulot, on obtenait une sorte d'écho. — *Triquedondaine* serait donc une *manigance finissant par un peu de vent.*

Ce mot a reçu d'autres sens, notamment *babioles*, *bagatelles de toilette* et même *femme galante*.

(2) Morice, *Pr.* I, 1375. Et le roi Edouard fera vingt ans la guerre pour le compétiteur de Jeanne de Penthièvre ! Il a changé d'avis...

C'est pourquoi le duc répondit que sa parole était presque engagée ailleurs. Ce n'était pas tout à fait vrai ; mais bientôt, sur le conseil de ses barons, le duc entre plusieurs prétendants, choisit Charles de Châtillon dit de Blois, fils cadet de Guy, comte de Blois et de Marguerite, sœur de Philippe de Valois. Il était ainsi neveu du roi qui l'offrait au duc.

A ce moment, le duc montre sa nièce comme héritière du duché, si bien, que Charles de Blois, malgré les protestations de Montfort, reçoit, avec l'aveu du duc, l'hommage de plusieurs barons. Que Jean III déclare solennellement sa nièce héritière, et la Bretagne entière l'accueillera sans guerre, car Montfort n'a pas de parti en Bretagne. Non : il ne fera rien. Son testament est muet sur ce point : et son silence a déchaîné la guerre sur la Bretagne.

Le duc mourut à Caen, le 30 avril 1341, en revenant d'une expédition en Flandre. La douairière Jeanne de Savoie lui survécut jusqu'au 29 juin 1344 : elle avait quitté la Bretagne, et mourut au bois de Vincennes.

∴

Charles de Blois, époux de Jeanne de Penthièvre. Jean de Bretagne, comte de Montfort.

Je n'ai à parler de l'un ni de l'autre. Que l'on reconnaisse *en droit* le titre de duc à Charles de Blois (du chef de sa femme) ou à Jean de Montfort, *en fait* aucun n'a été en réalité duc de Bretagne. Nous n'avons d'ailleurs aucune notion de leurs contrats de mariage ni des douaires qui ont pu appartenir à leurs veuves. Jeanne de Penthièvre porta pendant vingt ans le deuil de son mari enseveli à Guingamp ; ne quitta qu'une fois son tombeau pour aller saluer le duc Jean IV revenu de son exil en Angleterre (août 1379); et mourut le 10 septembre (1384) (1). Jeanne de Flandre, veuve de Jean de Montfort, passant en Angleterre avec le roi Edouard III, en mars 1343, fut frappée d'aliénation mentale à la fin de cette année, et mourut vers 1374 (2).

∴

5° *Contrats de mariage de Jean IV* (*1364-1399*).

Jean IV fut marié trois fois :

1° En 1355, quand il était en Angleterre et dans sa quatorzième année, le roi Edouard III lui donna sa fille Marguerite (dite quelquefois Marie) qui mourut sept mois après, sans enfants.

2° Devenu duc, il épousa Jeanne de Holland (dite souvent d'Angleterre) dont la mère avait en secondes noces épousé le prince de Galles. Elle mourut sans enfants en 1384 (3).

Nous ne savons rien des contrats de ces deux mariages.

3° Le 11 septembre 1386, le duc de Bourgogne donna pour épouse à son neveu Jean IV, une princesse française, sa nièce Jeanne, fille de Charles le Mauvais, roi de Navarre.

Nous n'avons pas le contrat de mariage; mais par deux actes postérieurs, on voit les époux se faire donation mutuelle de tous leurs biens au profit du survivant, et le duc assigner à la duchesse pour douaire « la ville et le château de Nantes, le pays et le château de

(1) Morice, *Pr.* I, 114. *Chronicon britannicum.*
(2) La Borderie, *Hist. de Bretagne*, III, 488-491.
(3) Lobineau, *Hist.*, p. 454.

Guérande, la baronnie de Raiz, la châtellenie de Touffou et celle de La Guerche (1) ».

Quel était le revenu de ces seigneuries? C'est ce que je ne sais pas ; mais je puis dire que le duc ne possédait la baronnie de Raiz qu'en vertu d'un acte d'échange nul pour lésion d'outre-moitié, auquel il allait être contraint de renoncer par peur du scandale (2).

Jean IV mourut le 2 novembre 1399. Sa veuve, devenue femme de Henri IV roi d'Angleterre, survécut jusqu'au 9 juillet 1437. Elle mourut à son château de Hawering-at-Bower, comté d'Essex. Le 11 août, elle fut inhumée en grande pompe dans la cathédrale de Cantorbéry (3).

Le duc et son frère de Richemont gardaient le respect et l'affection à la mère qui les avait abandonnés enfants pour devenir reine d'Angleterre (4). Mais comment son douaire était-il payé par Jean V? Tout ce que nous pouvons dire, c'est que, deux mois avant sa

(1) Lobineau, *Hist.*, p. 455.

(2) V. mon étude *Le duc Jean IV baron de Retz et Jeanne Chabot baronne de Retz.* — Le duc se dépassa bientôt lui-même en mauvaise foi : ne pouvant obtenir de Jeanne, même par violence, la vente de la baronnie, il s'en empara de vive force et la garda six ans. Enfin le parlement de France le condamna à la restitution et à 108.000# d'indemnité (environ six millions de notre monnaie). Arrêt définitif du 4 mars 1396 (n. st). Et quand il convient du mariage de sa fille aînée, Marie, avec le fils du comte de Derby (depuis le roi Henri V) il ose donner à sa fille la *baronnie de Raiz*, à propos de laquelle il plaide depuis six ans! Ce contrat (qui n'eut pas d'exécution) se place entre un acte du 7 février 1394 (1395 n. st.) et un acte du 4 mai 1395. — Morice, *Pr.* II, 641-45.

(3) M. Cosneau. *Le Connétable...* p. 271.

(4) Arthur prisonnier à Azincourt (1415), obtint un congé en 1421, sans pouvoir venir en Bretagne ; et son frère vint le voir sur le pont de Pontorson : « Ils parlèrent de leur mère, et. ils pleurèrent bien fort. » — Gruel, *Hist. d'Arthur III*, p. 189.

mort, la reine déclarait que son fils lui devait 2250 écus, soit 2812 livres (environ 100.000 francs de nos jours) ; et elle-même devait 1000 écus ou 1250 livres (environ 50.000 francs (1). Mais, disons-le bien vite : il se peut que le reliquat du douaire fût le terme récemment échu ou même à échoir ; et n'accusons pas Jean V d'avoir manqué d'égards à sa mère si malheureuse à cause de lui. Devenue veuve de Henri IV en 1413, la duchesse douairière de Bretagne, retenue prisonnière en Angleterre, comme otage de la neutralité de Jean V, avait été persécutée par Henri V, emprisonnée et accusée de maléfices ; elle ne retrouva quelque faveur qu'après l'avènement (en 1425) du jeune roi Henri VI, son petit-neveu à la mode de Bretagne, et neveu propre de Jeanne de France, femme de Jean V (2).

6° *Contrat de mariage de Jean V (1399-1442)* (3).

En 1392, le duc Jean IV traite avec le roi Charles VI du mariage de son fils encore enfant, qui sera le duc Jean V, avec Jeanne de France. Le roi donne à sa fille

(1) M. Cosneau, *Le Connétable....* p. 271, texte et notes 8 et 9 et p. 272.

(2) Généalogie de France

Le roi Jean le Bon.

Charles V.	Jeanne femme de Charles II, roi de Navarre.	Philippe Le Hardi duc de Bourgogne.
Charles VI.	Jeanne de Navarre mariée à Jean IV puis au roi Henri IV.	Jean Sans-Peur.
Catherine de France mariée à Henri V.	Jean V et ses frères.	Philippe Le Bon. Mme de Guyenne etc.
Henri VI.	Enfants de Jean V, François Ier et autres.	Charles Le Téméraire.

(3) Pour ce contrat V. Lobineau, *Hist.*, p. 479, Morice, *Pr.* II 592.

3

150 000 francs (ou livres) à 20 sols tournois, environ 8 millions 250 000 francs.

La disposition est ainsi conçue... : « et, pour cause dudit mariage a donné et donne mondit sieur (le roi) par ses lettres sur ce faites, pour une fois à ladite Madame Jeanne sa fille, la somme de cent cinquante mille francs d'or... »

Il ne faut pas que ces termes fassent illusion. Il ne s'agit pas ici d'une dot donnée en faveur du mariage, avec la réserve ordinaire des droits de Jeanne de France dans la succession de son père. Non, dans la pensée du roi, la somme de 150 000 livres représente tous les droits de sa fille dans la succession paternelle (1).

Il est expressément convenu que, des 150.000 francs d'or, 110.000 (environ 6.050.000 francs actuels) seront employés en acquisition de terres pour Jeanne et ses enfants. Si elle meurt sans enfants ou que ses enfants meurent sans héritiers, ses terres feront retour au roi ou à ses héritiers. Les 40.000 livres restantes sont à la libre disposition du duc qui n'en devra pas compte. (2.200.000 fr.).

Le duc promettait comme douaire une rente de 12.000 liv. (660.000 francs) assise sur le comté de Montfort ; et, en cas d'insuffisance, sur toutes châtellenies que son fils Jean tient ou tiendra en Bretagne, Normandie, Maine et Anjou, au choix de Jeanne de France,

(1) Charles VI avait quatre filles. Il avait réglé que chacune recevrait 150.000 francs d'or pour dot et tout droit successoral. — Cet arrangement de famille devait-il faire loi pour ses successeurs ? C'est très douteux. Voir sur ce point le *factum* pour la duchesse de Nemours publié aux *Pr.* de dom Morice, III, 1406-1418. La duchesse était fille de Renée, fille de Louis XII, odieusement frustrée par son beau-frère et protuteur François Ier. V. *Liquidation des successions d'Anne de Bretagne et Louis XII* (1899) par J. Trévédy.

excepté seulement « les cités et châtellenies de Rennes et Nantes ».

Le revenu du comté de Monfort est évalué, en 1315 environ 6.000 livres, soit la moitié du douaire promis(1). Il restait donc 6.000 livres de rente à asseoir sur d'autres seigneuries.

Et ce n'est pas tout. Avec quelle surprise on lit la clause suivante du traité !

« Et il sera en l'élection (au choix) de Madame Jeanne de prendre son douaire convenancier tel comme dit est (comme il vient d'être exprimé), ou son douaire coutumier selon les coutumes du pays (de Bretagne). »

Qu'est-ce à dire? Se peut-il que Jean IV, moins bien instruit que son père, ne sache pas que le douaire coutumier n'existait pas en Bretagne au profit des duchesses? Présumer qu'un jour la douairière pourrait avoir intérêt à préférer le douaire coutumier à son douaire convenancier, c'est donner à entendre que le douaire coutumier pourra être de plus de 12.000 livres.

J'oserais croire que le duc a voulu jeter de la poudre aux yeux. Il fut toujours peu scrupuleux en affaires, et un mensonge ne lui coûta jamais (2).

Quoi qu'il en soit, il est clair que Jean IV, protégé des Anglais, et qui eut si longtemps les Français pour adversaires, a été ébloui de ce projet d'union d'une fille de France avec son fils, futur duc de Bretagne; de là cette promesse d'un douaire de 12.000 livres qu'aucun duc de Bretagne n'a jamais assigné à sa veuve.

La duchesse Jeanne mourut, jeune encore, le 20 septembre 1433. C'est une des plus pures et nobles figures du

(1) V. ci-dessus, p. 15, note 2.

(2) V. plus haut à propos de Raiz, p. 32 note 2.

temps. Si elle eût survécu, elle eût mis obstacle aux compromettantes relations de son fils Gilles avec son neveu l'astucieux Henri VI, et ainsi sauvé François Ier de ses rigueurs envers son frère et Gilles d'une lamentable fin.

7° Contrats de mariage et testament de François Ier (1442-1450).

Dès 1430, un mariage avait été projeté entre François, comte de Monfort héritier de Bretagne, et Isabeau d'Ecosse, sœur du roi Jacques II (1). Mais le duc Jean V changeant d'avis demanda et obtint pour son fils la main d'Yolande d'Anjou, la sœur cadette de Marie, femme du roi Charles VII. La reine de Sicile, mère de la fiancée, avait promis une dot de 60.000 écus (environ 2.550.000 fr. de notre monnaie). Ne pouvant acquitter cette somme, elle donna à sa fille Beaufort-en-Vallée et Château-Fromont, en stipulant que ces deux seigneuries lui seraient rendues, si dans dix années, les 60.000 écus avaient été versés. — Le duc Jean V promit un douaire de 6.000 livres, soit à cette époque 247.500 fr. de notre monnaie.

Le douaire des duchesses de Bretagne va rester fixé à 6.000 livres; mais il faut remarquer que si le douaire est le même nominalement, la valeur de la livre va quelque peu varier au cours du XVe siècle.

Yolande d'Anjou mourut le 17 juillet 1440, sans laisser d'enfants; et le duc Jean V reprit son projet d'alliance avec une princesse d'Ecosse. Les conventions matrimoniales furent arrêtées en juillet 1441 (2). Le roi Jacques promit à sa sœur Isabelle cent mille saluts d'or, plus de trois millions de notre mon-

(1) Lobineau, *Hist.* p. 585.
(2) Lobineau, *Hist.*, p. 613, 618.

naie (1), et le douaire de la future duchesse fut fixé à 6.000 livres, (comme ci-dessus environ 247.500 francs).

Jean V, qui allait mourir le 28 août 1442, ne vit pas le mariage de son fils célébré en novembre (2).

Huit ans plus tard, le duc François Ier, nommé lieutenant général du roi, préparait une expédition qui allait délivrer la Normandie. Le 23 janvier 1450 (n. st.) il fait son testament. Il assigne en douaire à « sa bien-aimée sœur et compagne la duchesse » la châtellenie de Succinio et tout ce qui appartient au duc dans « l'île de Rhuys » ; les villes, chastels et seigneuries de Guérande, le Croisic, « l'île de Bats », sans en rien retenir sauf la justice en preuve de souveraineté (3).

Le chiffre de 6.000 livres n'est pas répété dans le testament ; nul doute que le revenu des seigneuries données ainsi en « usufruit et viage » ne soit égal sinon supérieur à 6.000 livres.

Le duc va revenir malade en Bretagne ; et, le 16 juin, au manoir de Plaisance près de Vannes, il ajoute à son testament un codicile, par lequel, fermant l'accès du trône à ses deux filles, il appelle à sa succession d'abord son frère Pierre, puis son oncle Richemont (4).

Un mois plus tard (18 juillet) le duc mourait. La duchesse allait vivre en Bretagne honorée de tous, jusqu'à la fin du siècle (5).

(1) Le salut d'or très petite monnaie d'or est compté pour 15 sous. Pour ramener le salut à la livre, il faut faire la double opération indiquée plus haut, 100.000 saluts × 15 = 1.500.000 sous ; — chiffre qui divisé par 20 donne 75.000 livres. Multipliant selon Leber, par 41.25, on obtient 3.093.750 francs de nos jours.

(2) Lobineau, *Hist.* p. 620, 621.

(3) Lobineau, *Pr.* 1118. C'est-à-dire « le bourg de Bats ».

(4) Lobineau, *Pr.* 1120.

(5) Son décès se place entre le 27 juin 1495 et mars 1500. Par

8e *Donation et testament de Pierre II (1450-1451).*

Pierre II était un des exécuteurs testamentaires ; et il assura religieusement l'exécution des volontés de son frère, notamment en ce qui concernait le douaire de la duchesse Isabeau.

Son frère le roi d'Ecosse n'avait pas agréé — c'était assez naturel —, le codicile écartant du trône ses deux nièces. Une première fois, dès 1451, il pria le roi d'intervenir à ce propos ; et, en même temps, il se plaignait de Pierre II, disant que sa sœur était maltraitée, comme prisonnière en Bretagne et même privée de son douaire. En mars 1453, il envoya au roi une seconde ambassade réclamant de nouveau son intervention (1).

Le roi renvoya les ambassadeurs à la cour de Bretagne, en leur adjoignant un de ses conseillers et un

un troisième testament du 13 octobre 1485, elle avait ordonné sa sépulture dans la cathédrale de Nantes (Lobineau. *Hist.*, p. 755. *Pr.* 1438). Dix ans après, le 15 octobre 1494, elle fonde une messe à la cathédrale de Vannes où elle ordonne sa sépulture. (Morice, *Pr.*, III, 773) ; et, le 15 octobre, elle faisait donation à son gendre, le vicomte de Rohan « de tous les biens qui lui appartenaient en vertu de son mariage ». (Lobineau : *Hist.* p. 821. Morice. *Hist.* II, p. 229-230).

Elle vivait encore le 27 juin 1495. Ce jour le vicomte agit pour elle en qualité de mandataire. (Morice *Pr.* III, 774). Elle était décédée avant le 5 mars 1500 (n. st.) (Morice, III, 836, mémoire du Vte de Rohan, à cette date *après plusieurs procédures*). Le décès peut avoir suivi de près l'acte de 1495.

Lire dans (Morice (Taillandier) *Hist.* II, p. 229) les raisons qui déterminèrent la donation au vicomte de Rohan, mal récompensé « de son attachement à nos rois qui lui avait fait manquer le mariage d'Anne de Bretagne pour l'aîné de ses enfants » (!)

(1) On sait les relations de l'Ecosse avec la France. — Marguerite, sœur aînée d'Isabeau, avait épousé le dauphin depuis Louis XI. Isabeau en épousant François fils de Jeanne de France était devenue nièce de Charles VII.

notaire pour dresser procès-verbal de tout ce qui se dirait (1).

Ils trouvèrent le duc au manoir de l'évêque de Rennes à Bruz. Le duc s'expliqua très simplement et sans embarras, puis il renvoya les ambassadeurs interroger la duchesse à Rennes. Ils la virent sans témoins; et elle leur déclara à plusieurs reprises qu'elle se trouvait si bien en Bretagne qu'elle comptait y passer sa vie; que le duc était pour elle un frère plein d'attentions; et qu'elle avait la paisible jouissance de son douaire. Elle ajouta même plaisamment qu'elle voudrait bien que le roi son frère payât aussi exactement sa dot dont elle n'avait encore rien reçu après dix ans de mariage.

La duchesse fit plus : le jour même elle écrivit au roi renouvelant les assurances qu'elle avait données aux ambassadeurs, et le priant d'intervenir pour lui obtenir le paiement de sa dot (2). Les ambassadeurs ou le roi Charles VII obtinrent-ils ce paiement? C'est ce que nous ne savons pas.

Le 14 avril 1453, Pierre II constitua un douaire de 6.000 livres de rente au profit de Françoise d'Amboise. Comparurent à cet acte la duchesse, pour accepter le don, le connétable de Richemont et François, comte d'Etampes, pour le ratifier (3).

(1) Le notaire allait bien gagner ses *honoraires* et employer beaucoup de parchemin. Son minutieux rapport prend neuf colonnes du tome II des *Preuves* de D. Morice (1616-1625). Morice donne *in-extenso* ce factum plein de redites, quand il abrège si souvent des pièces importantes.

(2) Morice, *Pr.* 51 donne deux fois cette lettre, 1629-1630 — et par répétition, 1646-1647. — Isabeau se montre très affligée des rapports faits au roi à propos d'elle. Elle parle au roi avec une confiance presque filiale.

(3) Arch. Loire-Inférieure E., 18.

Sur quoi deux observations :

6.000 livres dans la moitié du XVe siècle, ne valent plus comme quelques années auparavant, 247.000 fr. ; il faut les réduire à 240.000 au plus (1).

Il convient de remarquer la présence à l'acte du connétable de Richemont successeur désigné de Pierre II, et celle du comte d'Etampes âgé de dix-huit ans, neveu de Pierre, qui, Pierre le présume, prendra la couronne après le comte de Richemont. Nul doute que le duc, en demandant leurs ratifications, n'ait voulu assurer à sa veuve la possession certaine du douaire.

Mais Pierre II ne s'en tint pas à ce premier acte. En septembre 1457, il était depuis longtemps malade. Le 5 de ce mois, sentant sa fin prochaine, au château de la Tour-Neuve à Nantes, il fit son testament (2).

Dans cet acte, le duc assigna à sa femme une rente de 6.000 fr. de rente « pour son droit de douaire (3). Dans une addition à cette disposition, le duc assigne pour douaire onze châtellenies ou seigneuries avec toutes leurs appartenances », notamment Guingamp dont il avait eu le titre et qu'il avait habité avec la duchesse (4).

Les onze seigneuries devaient rapporter un revenu net de plus de 6.000 livres ; mais le don fait à Françoise n'est pas un usufruit avec ses avantages éventuels et ses charges ; c'est une rente fixe à prendre sur le revenu de ces seigneuries jusqu'à concurrence de 6.000 livres « toutes charges déduites. »

(1) Voir ci-dessus p. 8 note 1. Selon Leber, 6000 # n'auraient plus valu que 180.000. francs.

(2) Morice, *Pr.* II, 1706.

(3) Il réserve un compte à faire en faveur de Françoise à raison d'acquêts communs.

(4) Nous donnerons plus loin cette liste en regard d'une autre liste dressée par François II. Ci-dessous, p. 60, note 2.

Pierre II mourut le 22 septembre 1457, et son oncle le connétable de Richemont monta sur le trône.

9° *Contrats de mariage d'Arthur III. (1457-1458).*

Nous avons vu le comte de Richemont ratifier, en 1453, le douaire de 6.000 livres de rente constitué alors par Pierre II, et renouvelé par celui-ci dans son testament du 5 septembre 1457.

Pierre II motivait ainsi le don considérable qu'il faisait à sa pieuse épouse, sa sœur, comme il disait : « afin que, si par avant elle nous décédons, elle puisse continuer et maintenir après nous ses états et honneurs comme lui appartient, ayant égard à l'autorité et magnificence de la maison de Bretagne dont a été et est encore dame par son mariage, — à ce que même elle puisse plus curieusement vaquer et entendre en oraisons et autres bonnes œuvres et dévotions et prier Dieu pour nous... »

Le duc savait bien que le don fait à sa veuve serait employé surtout aux besoins des pauvres, au soulagement des lépreux alors nombreux en Bretagne, en charités de toute sorte ; mais il ne disait pas tout.

A ses derniers jours, prenant Françoise par la main et la recommandant à son oncle Richemont, il disait à celui-ci : « Je vous la rends, comme de vous je l'ai reçue... Ne pensez pas que jamais elle en épouse un autre après moi ; car je sais bien son intention et le vœu qu'elle a fait d'entrer en religion, si elle me survit (1) ».

Arthur avait marié Françoise d'Amboise ; il avait ratifié la donation de 1453, confirmée par le testament dont il était exécuteur ; il savait par son neveu mourant

(1) Sur ceci et ce qui suit Albert Le Grand, *Vies des Saints de Bretagne*. La B. Françoise d'Amboise, p. 557-559, Ed. Kerdanet.

le vœu religieux de la duchesse veuve. Comment comprendre les rigueurs dont il va se rendre coupable envers elle ?

Un des premiers actes d'Arthur, c'est de supprimer le douaire de Françoise : bien plus, il lui enlève des bijoux qu'elle a reçus de son mari ou de ses proches ; et pourquoi ? « Parce qu'il n'appartient pas à une veuve d'avoir tant de biens, ni à une nonne d'être si riche en joyaux. » Du moins appartient-il à une veuve d'avoir le douaire que son mari lui a donné, et que le successeur de son mari a d'avance ratifié. Que le connétable n'ait pas pardonné à Françoise de n'avoir pas voulu donner un fils à la Bretagne, cela se comprend : elle avait trompé son attente. Mais, après la mort de Pierre, que lui importait et à la Bretagne que la duchesse se remariât ? Il entra dans la colère du père de Françoise, de ses oncles de Rieux et de Montauban, et se livra envers la duchesse à une persécution indigne de lui.

Mais Françoise a sa vengeance prête : elle fermera les yeux du vieux duc, l'ensevelira de ses mains virginales, fera avec la permission de la duchesse les frais des obsèques, multipliera les prières et les aumônes pour le repos de son âme.

Nous reviendrons au douaire de la duchesse Françoise ; mais auparavant nous devons parler des contrats de mariage d'Arthur III.

Avant de monter sur le trône, le comte de Richemont fut marié trois fois.

Le 10 octobre 1423, il épousa sa cousine et son amie d'enfance à la cour de Bourgogne, Marguerite, sœur du duc Philippe le Bon, veuve (depuis 1415) de Louis, dauphin duc de Guyenne, frère aîné de Charles VII. — Devenue comtesse de Richemont, elle continua à s'appeler Madame de Guyenne. — Elle mourut le 2 février 1442.

A l'été suivant, pendant une expédition en Guyenne, des amis du connétable lui firent épouser Jeanne, fille de Charles II, sire d'Albret. Le mariage fut célébré à Nérac, le 29 août 1442. Jeanne d'Albret mourut à la fin de septembre 1444.

Enfin en juillet 1445, Richemont épousa Catherine de Luxembourg, sœur du connétable comte de Saint-Pol, qui allait longtemps lui survivre.

Nous avons seulement le contrat de ce dernier mariage ; mais certains actes nous en disent assez sur les deux premiers.

Qui le croirait ? En épousant Marguerite, sœur cadette du puissant duc de Bourgogne, Richemont faisait un mariage d'*inclination*; mais ne faisait pas un riche mariage(1).

Philippe le Bon « savait que sa sœur désirait ce mariage ; et il exploita la situation de manière à rendre les futurs époux peu exigeants sur la dot. » Il fut convenu que, si Philippe mourait sans héritier (2), Marguerite aurait le duché... que, s'il avait un héritier, 100.000# (4.125.000 fr.) seraient payées soit avant, soit après sa mort, à sa sœur... » Enfin le duc promit une dot de 5.000 # (206.000 francs).

(1) Nous n'avons pas le contrat de mariage signé le 14 avril 1423 ; mais une page de M. Cosneau (*Le Connétable...*) nous renseigne. Je ne puis que résumer cette page 73. Qu'on la lise et on sera édifié sur la parcimonie du duc étalant une magnificence royale. Avant son second mariage, Marguerite était réduite à 1200 # de rente, moins de 50000 francs de nos jours.

(2) Né le 13 juin 1396, Philippe allait avoir vingt-sept ans. — Michelle de France, sa première femme, était morte sans enfant en 1422 ; mais il allait se remarier en 1424.

Mais pour obtenir ces conditions, Marguerite est contrainte à des renonciations que révèle son testament « remarquable, par les sentiments de piété, de résignation et de repentir qu'il exprime dans un langage simple, élevé, touchant » (1). Par deux fois, elle supplie instamment son frère de ne mettre aucun obstacle à l'exécution de ses dernières volontés ; et mal rassurée à cet égard, semble-t-il, mais sans aucune récrimination, elle lui rappelle ce qui suit :

Par son premier contrat de mariage avec le dauphin Louis, son père lui avait promis 3.000# de rente (123.000 francs) et 100.000 écus d'or (à 23 sous 115.000 livres, 4.743.000 francs). Or elle a renoncé à la rente de 3.000# « à la prière et requête » de son frère. — Ce n'est pas tout : « en faveur de lui » elle a renoncé à de grands droits, comme des successions de père et de mère, et n'a rien eu d'eux en meubles ni héritages (biens immobiliers) ». Bien plus : « quand elle voulut épouser son seigneur époux, à la prière et requête de son frère, elle lui quitta et délaissa la somme de 100.000 écus. »

Pourquoi rappelle-t-elle ces renonciations ? Pour obtenir « qu'elle ne soit pas de pire condition, quant à son ordonnance de dernière volonté, que serait une autre personne de plus bas état, qui pourrait libéralement ordonner de ses biens pour le salut de son âme. »

Quand on lit ce testament, on se demande s'il ne restait pas *en propre* à Mme de Guyenne « tant seulement la châtellenie de Verdun-sur-Saône lui appartenant par apanage (2). »

(1) M. Cosneau, *Le Connétable*....p. 329-30, et Appendice, LXXVIII. Testament, p 586-596.

(2) Nous disons *en propre*, car elle possédait des seigneuries à elle données par le roi son cousin, mais à titre viager.

Le second mariage de Richemont fut célébré, avons nous dit, le 29 août 1442. Par le contrat dressé en juillet, Charles II, sire d'Albret, avait promis à sa fille une dot de 30.000 écus d'or (ou un million et demi de nos francs). Mais comment aurait-il pu s'acquitter? Le 28 juillet, (c'est-à-dire avant même le mariage) le connétable lui en faisait remise entière (1).

Peut-être est-ce en remplacement de cette somme qu'en novembre suivant le sire d'Albret donna le comté de Dreux à Richemont? Le connétable d'Albret, père de Charles II, l'avait reçu en don de Charles VI (1407); son fils n'en tirait rien puisqu'il était depuis longtemps aux mains des Anglais. Le sire d'Albret le donna à Richemont — à la charge de le conquérir, — à quoi le connétable ne manqua pas. Il était maître de Dreux l'année suivante.

Voilà ce que nous savons de ces deux contrats: nous ne savons pas les douaires promis par le comte de Richemont à ses deux premières femmes.

Le troisième contrat de mariage de Richemont est du 20 juin 1445. Comparaissent au contrat non seulement Louis de Luxembourg, comte de Saint-Pol, qui va doter sa sœur Catherine; mais son beau-frère Charles d'Anjou, comte du Maine, époux d'Isabelle de Luxembourg, et frère de la reine Marie.

(1) Sur ceci et ce qui suit M. Cosneau, *Le Connétable de Richemont*, p. 338-339 — Appendice, lxxix p. 603-604 — lxxx p. 604 — cx. p. 657.

En 1442, l'écu d'or valait 25 sous, 30.000 écus d'or font 37.500 livres, à 41.25 c'est en francs 1.546.875.

Jeanne d'Albret était sœur de Jean, qui fut père d'Alain le ridicule prétendant à la main d'Anne de Bretagne. Il était veuf de Françoise de Penthièvre (+ 1488) mère de Jean, que son mariage avec Catherine de Foix fit roi de Navarre, et qui fut le bisaïeul du roi Henri IV.

Le comte de Saint-Pol promettait à sa sœur en dot une rente annuelle de 3.000 livres, environ 123,000 fr. de notre monnaie, payable en deux termes égaux, à la Chandeleur et à la Madeleine (1). Il s'engageait en outre à verser aux mains du connétable, dans le délai de quatre années finissant en 1449, 5.000 écus d'or (5.750 livres) environ 257.000 fr. de notre monnaie (2). Enfin il se réservait la faculté de racheter la rente de 3.000 livres, en versant une fois à sa sœur, avant le terme de dix années (avant 1456), 10.000 livres (environ 412.000 fr.), ou bien en lui abandonnant en propriété une terre d'égale valeur. Moyennant ce paiement ou la délivrance de la terre, la rente annuelle de 3.000 livres serait réduite à 1.000 livres (41.000 francs environ).

Il semble que Louis de Luxembourg avait grand intérêt à réduire la rente de 3.000 à 1.000 livres ; s'il n'avait pas les 10.000 livres, il lui était facile de détacher de ses vastes domaines une terre de cette valeur. En même temps que comte de Saint-Pol, Marle, Soissons, n'était-il pas vicomte de Meaux, seigneur de la Fère, Enghien, Condé, Gravelines, etc.?

(1) 2 février et 22 juillet. V. le contrat de mariage. Morice, *Pr.* II. 1375-1378.

Charles d'Anjou comte du Maine, frère de la reine Marie, était adversaire de le Trémouille, et admirateur du connétable. Il fut le chef du complot contre la Trémouille. Juin 1433. A la journée de Sillé (avril 1434) il demandait la chevalerie au connétable qui le renvoyait à « plus grand seigneur que lui », son neveu duc d'Alençon ; et Charles d'Anjou répondait : « Non : par vous ou par personne. »

(2) Le comte du Maine s'engageait aussi à donner à Richemont une somme égale dans le même délai. Le comte de Saint-Pol ne donne les 5000 écus qu'à la condition qu'au cas de mort de sa sœur sans enfants cette somme lui fera retour. Il n'apparait d'aucune réserve de ce genre stipulée par le comte du Maine.

Or, voici comme furent exécutées ces conventions.

Les quatre années passèrent avant que Catherine eût rien reçu des 5.000 écus promis. Ce n'est pas tout : plusieurs termes de la Chandeleur et de la Madeleine passèrent sans que la rente annuelle fût payée. Catherine et Richemont patientèrent ; mais enfin, après huit années, en 1453, il leur fallut assigner le comte de Saint-Pol au Parlement et ils obtinrent condamnation (1).

De son côté le connétable constitua à Catherine un douaire de 3.000 livres, égal à la dot que lui avait attribuée son frère ; ce douaire était assis moitié sur les terres de Richemont en Poitou, moitié sur ses terres de Bretagne.

Le connétable devenu duc de Bretagne porta ce douaire à 6.000 livres (de 180.000 à 240.000 francs) le faisant égal aux douaires des duchesses Isabelle et Françoise : il l'assit au moins pour partie sur Nantes et la seigneurie de Touffou, voisine de Nantes, assiette qui, semble-t-il, fut à peine suffisante (2).

Il semble bien que cet acte est du 17 juin 1458 (3). A

(1) M. Cosneau, *Le Connétable...* p. 352 note 3.

(2) Lobineau, *Preuves.*

1er compte de Landais (1460) p. 1260 = 5e compte (1466-1467) p. 1374 — « à valoir sur *le deffaut* des assignations du douaire cc livres (6.000 francs) non payé » (au bas). — Reg. de la Chancellerie, commencé le 8e octobre 1489 — « capitainerie de Touffou : procès entre le capitaine et la duchesse Catherine », p. 1522.

Voilà encore un acte qui démontrerait l'existence de Catherine après le 1er octobre 1489, date donnée sans preuves. V. ci-dessous, p. 51, note 1.

(3) Lobineau, (*Hist.* p. 673) confirme le chiffre du douaire ; mais il ne donne pas la date de l'acte.

M. Cosneau écrit (p. 352 note 5) que « le 17 juin *1448*, le comte de Richemont donna en douaire à Catherine la seigneurie de Torfou (lire Touffou.) » Cette seigneurie ducale n'était pas, en 1448, à ce moment le duc préparait son fatal voyage à Vendôme, d'où il allait revenir malade, se croyant empoisonné. — Il allait mourir le 26 décembre.

Nous reviendrons plus loin à ce douaire.

10. — *Contrats de mariage de François II. (1458-1488).*

En 1435, François épousa Marguerite fille de François Ier, que son père avait, comme nous l'avons dit, exclue du trône; mais que son mariage avec son cousin François II allait y ramener (1).

Dans les conventions matrimoniales approuvées par les Etats, il n'est pas question de douaire. Peut-être à ce moment François n'aurait-il pu, sans quelque témérité, promettre un douaire digne d'une future duchesse de Bretagne (2)?

la disposition de Richemont. Il y a apparence qu'il faut lire *1458*. Arthur III devenu duc le 22 septembre 1457 n'a vu passer qu'un mois de juin, celui de 1458.

(1) François II était cousin germain de François Ier et *oncle à la mode de Bretagne* de Marguerite.

(2) François, a dit un chroniqueur « était beau et de grande apparence, mais pauvre et disetteux' ». Il n'avait pas trouvé le comté d'Etampes dans la succession paternelle, et il n'en eut jamais que le titre. Le 8 mai 1421, le dauphin, depuis Charles VII, donna le comté d'Etampes à Richard, et devenu roi, il confirma ce don. Mais Jean sans Peur s'en était emparé; et Richard n'en eut jamais la possession non plus que son fils. La reine Anne l'obtint seulement en 1513''. Richard mourut en 1428, en laissant des dettes; il avait assigné à sa veuve Marguerite d'Orléans un douaire d'une rente de 4.000 livres, environ 165.000 francs, assise sur Clisson et autres seigneuries dont le revenu devait à peine suffire.

Le portrait dessiné par La Marche en 1449 pouvait être encore ressemblant en 1455, lors du mariage de François. Ce mariage changea heureusement sa situation. Marguerite lui apporta les 100.000 écus d'or auxquels François Ier avait réduit chacune de ses filles. C'était une somme de 4.050.000 à 5.500.000 fr. de nos jours. Et

Au contraire, dans le traité de son second mariage, en 1471, François désormais duc assigne à Marguerite de Foix un douaire de 6.000 livres (de 180.000 à 240.000 francs), assis sur une seule châtellenie ou sur plusieurs voisines l'une de l'autre ; il lui donne la moitié de ses meubles et acquêts, plus une maison forte à la campagne (1).

Cette convention restera sans effet, la duchesse étant décédée, le 15 mai 1486.

∴

Il nous reste à dire en finissant comment furent exécutés par François II les douaires des veuves de ses trois prédécesseurs.

A la mort d'Arthur III, il y avait trois duchesses douairières en Bretagne : Isabeau d'Ecosse dont la fille aînée Marguerite était femme de François II, Françoise d'Amboise et Catherine de Luxembourg. Ces trois douaires étaient une lourde charge pour le trésor ducal.

pourtant, quatre ans plus tard, en 1459, quels sont les embarras d'argent du duc !

Pierre Landais qui, dans un an, sera trésorier de Bretagne, fournit au duc à crédit des draps de soie et de laine pour 1523 écus soit 2.053 livres ou au moins 61.590 francs sinon 71.855 ou même 82.120 fr.

Voilà une avance qui devra démontrer à tous que Landais n'était pas, en 1450, un *petit tailleur* ou *chaussetier, un homme de rien !* Il était après son père, *marchand de draps et soie.* Or ces marchands formaient à cette époque la riche bourgeoisie de Vitré commerçant avec l'Angleterre, l'Espagne et plus tard les Antilles et les Indes. Lire le curieux mémoire : Le *château Landais à Vitré* par l'érudit et regretté abbé Paris Jalobert.

* Olivier de la Marche, qui avait vu le jeune comte d'Etampes à la cour de Bourgogne, en 1449.

** Sur les vicissitudes d'Etampes, voir *Les Seigneuries de Bretagne hors de Bretagne*, p. 62-67.

(1) Lobineau, *Hist.*, p. 713.

— Le duc François n'hésita pas à accepter cette charge. Au mois de juillet 1459, il ratifia le douaire de Catherine ; et, le 26 septembre, en ratifiant le douaire de la duchesse Françoise, il le porta de 6.000 à 7.000 livres, à raison de la part de la duchesse dans les acquêts de sa communauté avec Pierre II (1).

Il augmentait ainsi de 30.000, 35.000 ou 40,000 la rente annuelle de Françoise. Remarquons que, dans l'acte du 26 septembre, le duc modifie la liste des seigneuries sur lesquelles Pierre II avait assis la rente de 6.000 livres. Preuve nouvelle que la constitution de douaire fait par un duc de Bretagne n'avait rien de définitif (2).

(1) Lobineau, *Hist.*, p. 673 et arch. Loire-Infre, E. 18. Ci-dessus p. 40 note 3.

(2) Seigneuries nommées

1° dans le testament de Pierre II :	2° dans l'acte de ratification de François II :
Saint-Aubin du Cormier.	— Saint-Aubin du Cormier.
Guingamp.	— Guingamp.
Bourbriac (sans Avaugour).	— Bourbriac.
Duault.	— Duault.
Huelgoat.	— Huelgoat.
Landeleau.	— Landeleau.
Châteauneuf du Faou.	— Ch. neuf du Faou.
Châteaulin en Cornouaille.	— Ch. en Cornouaille.
Conq-Fouesnant-Rosporden *A*.	— Conq-Fouesnant-Rosporden.
Gourin.	— Châteaulin sur Trieux.
Morlaix.	— La Roche-Derrien
	— Carhaix.
	— Le Gavre.

A. Ces trois seigneuries formaient une châtellenie unique dont le chef-lieu était Conq (Concarneau).

Le 1er compte de Landais (an 1460 Lobineau, *Pr.* 1260), nomme les mêmes seigneuries moins Conq-Fouesnant-Rosporden, et le Gavre, mais plus Goello, Châtelaudren. Ce qui doit s'entendre seigneurie de Châtelaudren, chef-lieu de la châtellenie de Goello.

Françoise d'Amboise allait vivre jusqu'au 4 novembre 1485, Catherine de Luxembourg jusqu'en 1492 (1), Isabeau d'Ecosse survivait, nous l'avons vu, en 1494 (2).

L'acquittement des deux derniers douaires loyalement ratifiés par François II ne subit-il jamais de retard dans les dernières années de son règne?

Ici il n'est plus question du douaire de Françoise d'Amboise éteint en 1485 : le douaire d'Isabeau d'Ecosse semble avoir été régulièrement payé ; nous pouvons croire qu'il en a été de même de celui de Catherine. et que le reliquat acquitté dix ans plus tard, comme nous allons voir, n'est que le terme non encore échu à la mort de la duchesse en mars 1492 (3).

Un peu avant septembre 1502, la reine Anne payait à Marie de Luxembourg. comtesse de Vendôme, petite-nièce de Catherine et son héritière, la somme de 2383

(1) Catherine est décédée en 1489 d'après le P. Anselme (p. 219 1re éd.). — Nous venons de voir qu'elle vivait après le 1er octobre 1489 (ci-dessus, p. 47 note 2. — La date de sa mort en 1475 donnée par Moréri (v° *Luxembourg*) est erronée, puisque le 19 avril 1484. Catherine faisait une donation au couvent des Chartreux de Nantes où reposait son mari et où elle-même voulait être inhumée (V. l'acte *Revue de Bretagne*, 1885, II, p. 16-17). — Récemment dans un mémoire *La Tapisserie de Formigny* (*Association Bretonne*, Session de Concarneau. 1905), j'ai suivi le P. Anselme ; mais je puis aujourd'hui me rectifier. Catherine est décédée à Nantes aux premiers mois de 1492, probablement en mars. Je publierai peut-être prochainement l'acte authentique qui fait preuve de cette date précise.

(2) Ci-dessus p. 37 et note 5.

(3) V. Lobineau, *Pr* 1590. Morice, *Pr*. III. 855 « Extrait d'un compte d'un trésorier de Bretagne commencé le 1er janvier MDI » et finissant le 28 septembre MDII — Vers la fin : « A Madame de Vendosme 2383 livres monnoye qui lui restent à payer (lisez qui restent à lui payer) du douaire de la feue duchesse, et 1400 escus pour la tapisserie de la bataille de Formigny ».

Nous expliquerons ces derniers mots *in fine*.

livres (environ 80.000 francs). C'était presque la moitié de la dernière année du douaire.

Ce retard à s'acquitter nous étonne plus qu'il n'étonnait aux temps où nous reporte cette étude (1).

Le paiement du douaire avait d'autant plus d'intérêt pour Catherine que, au moins pendant plusieurs années, son frère ne payait pas sa pension dotale.

Nous avons vu que le connétable et Catherine avaient été contraints (en 1458) de prendre arrêt contre le comte de Saint-Pol. Celui-ci profita-t-il de la leçon pendant la vie du connétable devenu duc de Bretagne ? On peut le présumer. Mais, après la mort du duc en 1458, il semble bien que la dot fut très irrégulièrement payée.

Le comte avait succédé au duc Arthur III comme connétable en 1458 ; depuis dix années, il recevait les émoluments de cette charge, lorsque, en 1468, le roi Louis XI brouillé avec François II prétendit punir Catherine de Luxembourg de sa résidence en Bretagne « à cause de la rébellion du duc ». Il déclara tous ses biens confisqués (2). Il ne pouvait atteindre ce qu'elle possédait en Bretagne; mais il confisqua sa dot de 3.000 livres, et il en fit don au comte de Saint-Pol, qui l'accepta. Il crut apparemment avoir une *juste cause* de ne plus rien payer par obéissance au roi.

L'obéissance au roi, le connétable l'avait plus d'une fois oubliée en de plus graves circonstances. Sept ans

(1) En ce temps-là on ne savait pas finir une affaire d'intérêt. En 1499, le Vte de Rohan demande, au nom de sa femme, fille de François Ier, la liquidation des successions de François Ier, Pierre II et Arthur III, morts depuis 47, 42, 41 ans; et de la communauté de François II avec Marguerite de Bretagne morte en septembre 1469.

(2) Lobineau, *Hist.*, p. 703.

après la confiscation dont nous venons de parler, les Anglais entraient en France, à l'appel du duc de Bourgogne Charles-le-Téméraire. Louis XI s'humiliant devant le roi d'Angleterre achetait de lui à Pecquigny, une trêve de neuf ans, c'est-à-dire la paix ; et le roi Edouard lui remettait des lettres compromettantes du comte de Saint-Pol. Huit jours après, Louis XI et le duc de Bourgogne concluaient une trêve de neuf ans ; et une des conditions de cet accord c'était la mort du connétable. Le duc le livra traitreusement au roi qui le fit juger pour crime de haute trahison. Il fut décapité à Paris le 19 décembre 1475.

Son fils Pierre hérita le comté de Saint-Pol et les seigneuries de son père ; et à sa mort, en 1482, sa fille Marie, femme de Jacques de Savoie, fut son unique héritière. En 1492, devenue femme de François de Bourbon, comte de Vendôme, elle hérita de sa grande tante Catherine, duchesse douairière de Bretagne.

Dans cette succession, elle recueillit un reliquat du douaire de Catherine, et des meubles parmi lesquels une tapisserie dite *de Formigny* qu'Anne de Bretagne acheta.. La reine s'empressa d'en orner « la salle du château de Blois où se tenait le roi Louis XII ».

Le compte du trésorier de Bretagne de l'année 1502 nous apprend que la tapisserie fut payée la somme de 1.400 écus, 2.310 livres, environ 62.000 à 69.000 francs (1).

La duchesse Catherine possédait des meubles d'une valeur considérable. Le 28 juin 1457, son mari, encore comte de Richemont, et Catherine s'étaient donné réciproquement, au survivant d'eux, leurs meubles éva-

(1) La reine payait en même temps le reliquat du douaire de Catherine, comme nous l'avons vu plus haut à la page 51.

lués 60.000 écus, 81.000 livres, soit 2.430.000, 2.835.000, 3.240.000 francs (1).

Parmi tous ces meubles, un des plus précieux aux yeux de Catherine devait être la *tapisserie de Formigny* : c'était une suite de neuf ou dix tableaux représentant divers épisodes de la bataille. Cette tapisserie, commandée selon toute apparence par la duchesse Catherine, était pour elle, ce qu'elle devint pour la reine Anne, un monument à la gloire du vainqueur de Formigny (2).

Pour finir, nous donnerons quelques renseignements sur les douaires de nos deux duchesses Anne et Claude, en même temps reines de France.

Douaires des deux reines Anne et Claude.

Nous avons vu qu'en Bretagne toutes les veuves avaient droit à un douaire *coutumier*, nous dirions aujourd'hui *légal*, excepté les duchesses dont le douaire résultait ou des conventions matrimoniales ou de la bonne volonté des ducs.

C'est cette règle que Jean, comte de Montfort, disait en 1341, — nous l'avons vu plus haut — empruntée à la France (3).

(1) Le 1er chiffre donne l'évaluation de Leber, les deux autres les évaluations de M. de la Borderie. V. ci dessus p. 8, note 1.

(2) Sur la tapisserie dite *de Fontainebleau* — et auparavant de *Formigny*, voir *Essai historique et topographique sur la bataille de Formigny*, par M. Lair, membre de l'institut ; *Un portrait du connétable de Richemont* par J. Trévédy, (Bull. de l'*Ass. Bret.*, 1904) ; — et *La Tapisserie* de *Formigny* par le même (Bull. de l'*Ass. Bret.*. 1905), suite au précédent mémoire après la trouvaille de l'article du compte de 1502 cité plus haut, p. 51, note 3.

(3) V. Ci-dessus p. 4 et suivantes.

En France, le droit commun pour les veuves autres que les reines était le douaire au tiers (1). Pour les reines, si le droit au douaire résulta « de l'usage et coutumes », il fut réglementé, dès le XIVe siècle, par une ordonnance de Charles V.

C'est seulement du douaire des reines que nous allons parler.

Dans le douaire il faut distinguer, nous l'avons vu, deux points : la *quotité* et l'*assiette* dite parfois *assignat*, c'est-à-dire l'indication des objets qui seront soumis au douaire.

La *quotité* pouvait être fixée même avant le mariage ; et elle était d'ordinaire établie dans le contrat. Nous en verrons plusieurs exemples. Elle était, d'ailleurs, extrêmement variable ; mais elle avait toujours le caractère de rente, de revenu à recevoir, non d'usufruit ou même de jouissance par mains (2).

Au contraire l'*assiette* « ne pouvait avoir lieu durant le mariage », c'est-à-dire avant que le droit au douaire ne fût ouvert par la mort du roi.

Nous devons la révélation de cette règle au roi Charles VI, et il nous en donne la raison : c'est que « l'assiette du douaire est comme un don fait à la douairière, et le mari ne peut faire don à sa femme » (3). C'est donc (et nous le verrons par des exemples) le succes-

(1) De là l'observation de Duparc-Poulain, (*Coutumes*, III, p. 232, sur l'article 455), à laquelle nous viendrons à propos du douaire de la reine Claude : « Le douaire au tiers est du commun usage en France. »

(2) Il en était autrement du douaire des duchesses de Bretagne, comme nous l'avons vu ci-dessus.

(3) Raison très contestable. Le *don* est réellement l'*attribution* du douaire faite à la femme ; l'*assiette* n'est que l'*exécution* du don.

seur du roi décédé qui constitue le douaire de la veuve de celui-ci.

Le roi Charles VI viola ces règles en faveur d'Isabeau de Bavière : pour éviter tout débat sur l'assiette établie par lui, il proclame la violation qu'il fait des usages de ces prédécesseurs ; et c'est ainsi qu'il nous en fait la révélation (1).

Ce n'est pas tout : Voici deux autres règles établies ou peut-être simplement confirmées par Charles V, (ordonnance d'octobre 1374), que son fils semble encore avoir méconnues, mais qui subsistèrent. Je n'ai pu retrouver cette ordonnance ; mais il nous suffit que ses dispositions soient reproduites, rajeunies de style, dans les articles 330 et 332 de l'ordonnance de Blois (mai 1579) (2).

Art. 330. — « Le douaire des reines ne pourra être « constitué en terres sinon jusqu'à la valeur de 3.333 « escus soleil de revenu annuel portant titre de du- « ché ou comté (3)... et le surplus sera assigné sur les

(1) *Ordonnances des Rois*, t. X, p. 98.

En 1391, Isabeau de Bavière reçoit en *assiette* de *douaire* 25 000 ## de rente sur plusieurs terres et seigneuries, notamment sur le revenu du pont de Melun, Moret, Pons, Nemours, Meaux, Crécy en Brie. — Par lettres du 25 mai 1413, art. 137, Charles VI déclare qu'il a abandonné à la reine les terres de Melun, Crécy et autres, « ce qui est contre les usaiges, coustumes et commune observance gardez et observez en France, par lesquels assiette de douaire ne doit avoir lieu durant et constant le mariage de deux conjoints, ne (ni) don fait par le mary à femme, et aussi contre la commune observance de nos prédécesseurs roys de France. »

Nos prédécesseurs... C'est bien le malheureux roi qui parle ou que l'indigne reine fait parler.

25.000 ## = 1.375 000 fr. valeur actuelle.

(2) J'emprunte cette citation à la *Conférence des ordonnances royaux* de Guénois et Charondas Le Caron. Ed. de 1607, p. 870, note 7. Cet « article (320) est pris de l'ordonnance de Charles V du mois d'octobre 1374. »

(3) Dans la table il est écrit : *Trois cent trente-trois*. Le mot *mil*

« aides, tailles et autres deniers extraordinaires, à les « prendre par mains des receveurs d'iceux » (1).

On reconnaîtra que le texte de l'ordonnance de 1374 a été rajeuni en 1579. Charles V n'a pu compter par écus d'or, monnaie frappée pour la première fois par Charles VI en mars 1384 (1385 n. st.). La somme de 3.333 écus d'or soleil représente-t-elle la somme indiquée par Charles V jusqu'à concurrence de laquelle le douaire pouvait être constitué en terres ?

Or cette somme, en comptant l'écu d'or à 27 sous, donne 4499 ou 4500 livres, qui, en 1579, représentent 45.000 de nos jours, au minimum, ou 67.000 au maximum (2). Nous verrons tout à l'heure que le surplus du douaire à constituer sur les aides, greniers à sel, etc. pourra être bien plus considérable.

Art. 332. — « Les douairières (reines) ne jouissant de « leurs douaires en terres, mais la possession du do« maine demeurant à nous et nos successeurs (3), elles « perçoivent ce qu'elles doivent avoir de leurs douaires « par les mains des fermiers. Leur sera néanmoins « laissé un château ou maison pour leur demeure. Pour « sûreté du paiement des fermages, les fermiers s'obli-

(sic) a été omis. C'est la seule faute de typographie que j'ai relevée dans ce bouquin merveilleusement imprimé de 1042 pages de texte chargées de notes, sans compter 260 pages de tables : en tout 1302 pages.

(1) Par revenus extraordinaires on entend ici en général les impositions dont le produit est éventuel et variable : aux aides et tailles ajouter les *greniers à sel*.

(2) Pour obtenir le rapport de la livre de ce temps au franc de nos jours, Leber prend pour chiffre multiplicateur 10. — 4500# = 45.000 fr. La Borderie propose les chiffres 20 ou 15 sur la fin du siècle, 15 donne 67.000 fr.

(3) Remarquez : il ne s'agit pas de réserve de la *propriété*, mais de là *possession*, qui appartient de droit à l'usufruitier.

« geront par corps envers les douairières et donneront « bonne caution. »

Ainsi, sauf en ce qui concerne le château qui leur est « laissé » comme résidence, les reines douairières, moins bien traitées que leurs sujettes, n'ont l'usufruit, la possession d'aucun bien. Leur douaire est une rente à recevoir des fermiers.

Voilà des précautions qui semblent bien irrévérencieuses pour les reines douairières. On dirait des sûretés prises à l'avance contre leur mauvaise administration présumée.

En ce qui concerne les « revenus extraordinaires », nous verrons combien ces perceptions fractionnaires étaient multipliées et incommodes.

Nous avons dit que la quotité du douaire des reines était très variable. Nous avons pu retrouver le chiffre de trois douaires du XIVe siècle, nous y ajouterons le chiffre du douaire fixé par Charles VI. Si nous ramenons ces chiffres à la valeur de la monnaie actuelle, ils représentent des sommes variant de 2.562.500 à 825.000 francs de nos jours. Selon la règle, ces douaires sont constitués non par le roi pour la reine qu'il laissera veuve ; mais par le fils ou le successeur du roi décédé en faveur de la reine veuve de celui-ci (1).

(1) Sur le douaire des reines, voir Choppin, œuvres, t. II, p. 255, 1re pagination : *Les trois livres du domaine de la couronne de France*. Ed. de E. Richer (1634), traduite de l'édition latine de 1605. Il écrit : « C'est l'ordinaire de régler le douaire des reines et le réduire à « une pension annuelle, au lieu de laquelle sont assignées des sei- « gneuries pour en jouir durant leur vie. »

Qu'on se reporte aux textes cités plus haut, on verra combien cette phrase est inexacte ici.

(*V. suite de la note à la page 59*).

Ces détails pourront paraître trop longs. Peut-être auront-ils pour excuse que les principes et les faits rappelés ici sont peu connus et qu'ils expliquent ce que nous allons dire à propos des douaires d'Anne de Bretagne et de sa fille?

*
* *

Contrats de mariage d'Anne de Bretagne (1491-1514).

Louis XI étant encore dauphin avait épousé, en 1451, Charlotte de Savoie qui allait lui survivre. Leur contrat de mariage avait-il fixé la quotité du douaire? La modicité de ce douaire pourrait le faire supposer. Quoi qu'il en soit, à la mort du roi, il restait à faire l'assiette du douaire; et Charles VIII, ou plutôt Mme de Beaujeu, régente, s'acquitta aussitôt de ce devoir, puisque Louis XI étant mort, le 30 août 1483, Charlotte de Savoie jouissait de son douaire avant le 1er décembre suivant, date de sa mort.

Par son contrat de mariage du 6 décembre 1491,

A la suite, Choppin mentionne, incomplètement, cinq douaires de reines auxquels nous ajoutons le douaire établi par Charles VI. Je prends les chiffres multiplicateurs indiqués par Leber pour ramener les monnaies des XIVe et XVIe siècles à la valeur actuelle.

1° Philippe le Long (V)	1317.	20.000## × 82.50 =	1.650.000
2° Philippe VI de Valois	1332.	25.000## × id. =	2.562.000
3° Charles V à la reine Jeanne.	1365.	15.000## × 55 =	825.000
4° Charles VI	1394.	25.000## × 55 =	1.375.000
5° Charles IX décembre	1559.	6.000## × 15 =	900.000
6° Le même	1560.	60.000## × 15 =	900.000

(Douaire stipulé dans le contrat de mariage de Marie Stuart).

Nous trouvons dans ces brèves indications l'exécution de la règle posée plus haut que l'*assiette* du douaire ne se fait qu'après l'ouverture du droit et par le successeur du roi décédé.

(*V. suite de la note à la page 60*).

Charles VIII accorda à la duchesse Anne « tout, tant et tel douaire qu'il avait voulu, consenti et constitué à sa mère ». Ainsi voilà la quotité et (contrairement à la règle ancienne) l'*assiette* du douaire établie (1).

Charles VIII mourut le 7 avril 1498. En septembre suivant, avant que la nullité de son mariage fut prononcée, Louis XII préparait son mariage avec la reine Anne ; et, le 20 de ce mois, « il lui assignait le douaire promis par le contrat de mariage avec Charles VIII, y changeant peu de chose » (2).

En faisant ce changement peu important, Louis XII n'avait-il pas voulu marquer son droit de faire l'assiette du douaire ?

En 1317, Philippe le Long ne songeait pas au douaire de sa femme Jeanne de Bourgogne accusée d'adultère ; et constituait le douaire de Clémence de Hongrie, veuve, en 1314, de Louis X.

Philippe de Valois, en 1328, constituait le douaire de Jeanne d'Evreux, veuve la même année de Charles IV, et qui, mettant au monde une fille posthume, lui avait ouvert l'accès au trône.

Charles V avait perdu sa femme Jeanne de Bourbon en 1378 et il lui survécut jusqu'en 1380. Jeanne dont il constitue le douaire est Jeanne d'Auvergne, seconde femme de son père.

Charles VI constitue, comme nous l'avons vu p. 56, le douaire de sa femme Isabeau de Bavière.

Charles IX (20 décembre 1559) constitue le douaire de sa mère Catherine de Médicis, veuve le 10 juillet 1559. Le même (1560) constitue le douaire de Marie Stuart, veuve le 5 décembre 1560.

(1) Voici l'indication des actes et livres consultés ci-après : Contrat de mariage de Charles VIII. Lobineau, *Hist.* p. 817. *Preuves*, 1513. — Morice, *Hist.*, II, 213. *Pr.* III, 711. — D'Argentré, *Hist.*, f° 789-791 et suiv.

Contrat de mariage de Louis XII. Lobineau, *Hist.*, p. 826. *Pr.* 1560. — Morice, *Hist.*, II, p. 228. *Pr.* III, 811. — D'Argentré, *Hist.*, p. 807.

Contrat de mariage de Claude. D'Argentré, *Hist.*, p. 811 et suiv. — Lobineau, *Hist.*, p. 831.

Mort de Charles VIII. D'Argentré, Livre XII, chap. LXII, p. 804. — Morice, *Hist.*, II. 225.

(2) Lobineau *Hist.*, p. 824.

Quelques mois plus tard (7 janvier 1499) dans le contrat de mariage de Louis XII, il est écrit que la reine continuera à jouir du douaire qu'elle a de Charles VIII, et « que Louis XII lui en accorde un second de même importance » (1).

L'acte établissant le douaire de Charlotte de Savoie avait été annexé au contrat de mariage de Charles VIII, et celui-ci s'engagea à l'exécuter, « comme incorporé » à ce contrat.

Mais, en imprimant les contrats de 1491 et 1499, nos historiens bénédictins et d'Argentré ont omis de donner l'annexe ; heureusement qu'à propos de la mort de Charles VIII d'Argentré donne les détails qui suivent :

« Le douaire de la reine Anne de 10.400 # fut assis sur la ville et le grenier à sel de Chinon, le comté de Saintonge, ville et gouvernement de la Rochelle, Saintes. Saint-Jean-d'Angély, traite des blés et vins du pays de Saintonge, le comté de Pézenas, le petit scel de Montpellier (2). le grenier à sel de Pézenas, Narbonne et Montpellier ».

Voilà donc un douaire assis pour la moindre part sur Chinon et le comté de Saintonge et pour le reste sur des revenus éventuels en plusieurs provinces. Ajoutons-y un

(1) Morice (D. Taillandier), *Hist.*, II, p. 225, dit que, après la mort de Charles VIII, « Louis XII commença par lui assigner 10.400 # de douaire » ; et il renvoie à d'Argentré. Celui-ci au même lieu, donne simplement, comme nous verrons, la quotité et la composition du douaire constitué par le contrat de mariage de 1491.

(2) Il est imprimé « le petit seel » il faut lire « le petit *scel* » (sceau). On appelait « grand sceau le sceau du roi qui est aux mains du chancelier » ; et, par opposition, on nommait « petit-scel » les sceaux du parlement, puis des présidiaux (établis en 1552) et même des bailliages.

revenu égal de 10.400 # donné par Louis XII. Il n'y a pas à parler de l'assiette de ce second douaire, qui n'allait pas s'ouvrir, Louis XII ayant survécu à la reine.

Or 10.400 livres de la fin du XVe siècle représentent en monnaie actuelle 312.000 francs selon la moindre évaluation, 364.000, selon une évaluation moyenne ou 416.000, selon une autre.

Je crois sage de m'arrêter à l'évaluation moyenne, 364.000 francs (1).

Ce douaire de 364.000 francs est inférieur de plus de moitié à celui que Charles V avait assigné à Jeanne d'Auvergne (825.000). Or celui-ci est de beaucoup le moindre des cinq douaires mentionnés plus haut (2). Il s'ensuit que la reine Charlotte de Savoie et la reine Anne furent les moins bien « endouairées », des reines dont nous pouvons parler.

∴

Contrat de mariage de la reine Claude (1514-1524).

Le contrat de mariage de Claude est du 22 mai 1506. Née le 15 octobre 1499, elle avait cinq ans et demi. Son fiancé François, duc de Valois et comte d'Angoulême, né le 12 septembre 1494, avait onze ans et demi. Ces deux enfants comparurent en personne au contrat où le roi, la reine Anne et Louise de Savoie, mère de François, stipulaient pour eux.

(1) Pour la 2e moitié du XVe siècle, Leber donne comme chiffre multiplicateur, *30*. — La Borderie trouve ce chiffre trop faible et donne « *35* ou même *40*. » — Il est clair que *40* doit se rapporter au début de la période indiquée, et *35* aux dernières années ; — d'autant que le même auteur donne *30* pour le 1er quart du XVIe siècle au lieu de *27*, indiqué par Leber.

(2) Ci-dessus, p. 59-60. Note 1, de la page 58.

Deux hypothèses devaient êtres prévues : Claude serait-elle veuve du duc de Valois ou du roi de France François Ier? Donc deux douaires étaient à prévoir. Ainsi fut-il fait.

« Si douaire a lieu et que ledit sieur parvienne à la couronne, en ce cas, la dite dame aura le douaire que les autres roynes de France ont accoutumé d'avoir; et, ledit sieur ne parvenant pas à la couronne, (la dame) sera douée au tiers des terres et seigneuries de iceluy sieur (1) ».

Pour le cas où François ne sera pas roi, voilà le douaire de sa veuve *constitué*; mais il en est autrement du douaire que Claude aurait à réclamer au cas où François aurait régné : la phrase ci-dessus exprime simplement le *droit au douaire* qui appartient à Claude; mais elle n'indique pas la quotité du douaire qui reste à fixer.

Anne de Bretagne, plus avisée que Louis XII, n'aimait pas François d'Angoulême, vain, prodigue et adulé par sa mère et sa sœur; elle ne voyait pas en lui le mari qu'il fallait à sa fille simple, douce et timide. Elle retarda le mariage; mais dès qu'elle eut fermé les yeux (9 janvier 1514), Louis XII en ordonna la célébration (18 mai) (2).

(1) C'est sur cette phrase que Duparc-Poulain (*Coutumes de Bretagne*, III, p. 232, sur l'article 455, note n° 7) écrit : « Le douaire au tiers est du commun usage en France, et ainsi stipulé dans le contrat de la duchesse Claude avec le duc de Valois, depuis le roi François Ier ». — Oui : mais la stipulation n'a trait qu'au cas où François ne serait pas roi; c'est-à-dire en faveur de Claude *douairière de Valois*. — Remarquons d'autre part que, si le douaire au tiers est de droit *commun*, il n'est pas *universel* en France. Ex. la coutume de Paris : douaire *à la moitié*. — Sur ce point curieux, Brillon, *Dict. des arrêts* (1711) I. V° *Douaire*. (V. ci-dessus, p. 55, n. 1).

(2) Chose curieuse : d'Argentré, Lobineau, Morice ne donnent

Le 1er janvier suivant, François Ier était roi.

Nous avons dit que le douaire de Claude, en tant que reine, était à fixer. François Ier ne s'en mettra pas en peine : il se préoccupe surtout d'avoir la Bretagne dans sa main.

Louis XII avait attribué le duché à Claude « sauf les droits de sa seconde fille Renée » ; mais il en avait gardé l'administration ; François Ier la convoite ; et du Prat, alors premier président du parlement et bientôt chancelier, finit par arracher au roi qui faiblit et va bientôt mourir les lettres par lesquelles il abandonne à son gendre l'administration de la Bretagne, « sauf les droits de Renée » 27 octobre 1514.

François devenu roi, le titre d'administrateur du duché de Bretagne, comme époux de la duchesse, ne lui suffit plus. Le 22 avril, il obtient de Claude l'usufruit de la Bretagne, sa vie durant. Mais il lui faut plus encore. Le 28 juin, il se fait donner la Bretagne comme héritage à perpétuité, au cas où il survivrait à la reine sans enfants (1).

Cette rapacité conjugale est peu chevaleresque ; mais ce qui est odieux en ces actes dictés par le roi et du Prat, c'est qu'il n'est plus question des droits de Renée.

Ces actes sont les premiers d'une série d'actes qui vont assurer la spoliation de Renée dont le roi son beau-frère s'est fait le *protuteur* pour se dispenser de lui faire nommer un tuteur (2).

pas la date du mariage de la dernière duchesse de Bretagne. Bouchard, qui est contemporain dit : 18e jour de mai 1514 (f° 277 V° 7 et 278 v°). — Cette date se trouve aussi dans du Tillet, *Chronique abrégée des rois de France*, p. 148.

(1) Lobineau mentionne ces trois actes (*Hist.* p. 838.) A ses *Preuves* il ne donne que le second acte, du 25 avril 1505. Les trois actes sont imprimés aux *Preuves* de D. Morice, III, 925, 939-40.

(2) La reine explique (ou plutôt du Prat explique pour elle) le

La condition « si le roi survit sans enfants » ne s'accomplit pas. Claude eut sept enfants parmi lesquels trois fils dont François, l'aîné, né en 1518, qui sera couronné duc de Bretagne à Rennes, le 13 août 1532, et qui meurt en 1536, laissant l'espérance du trône à son cadet qui sera Henri II (1).

La reine Claude était morte à vingt-quatre ans, le 20 juillet 1524.

motif de ces libéralités ; et un de ces motifs c'est que le roi a bien voulu se charger de marier Renée. — Morice, *Pr.* III, 939. Le roi va se payer par ses mains de ses peines et soins.

Lobineau écrit (*Hist.* p. 840) : « Le chancelier du Prat fit ce mariage (le mariage de Renée avec Hercule d'Est), où il eut beaucoup plus d'égards aux intérêts de la couronne qu'à ceux de la princesse. »

Cette phrase piqua ma curiosité, et j'ai essayé une liquidation des successions de la reine Anne et de Louis XII. On y voit des faits comme ceux-ci :

Renée n'a pas de tuteur. François Ier s'est déclaré son protuteur, et il va la marier. Il évalue sa fortune, 1° (en 1515). (mariage avec le prince d'Autriche depuis l'Empereur Charles-Quint), à 31.560,000 fr. de notre monnaie ; — 2° en 1519 (mariage avec le futur marquis de Bandebourg) à 13,262,000 ; — 3° en 1528, (mariage avec Hercule d'Est de Ferrare), 10.125.000 qui sont transformés en une rente mal payée. — Les revenus perçus de 1515 à 1528 sont comptés pour rien : dans ces 13 années, la fortune de Renée a diminué de 20 millions : — Une transaction *lésionnaire* intervient. après 42 ans, le 23 décembre 1570, V. Morice, *Pr.* III, 1405-1418. — Voir dans *Revue de Bretagne, de Vendée et d'Anjou* (1899) la *Liquidation* très incomplète faute de pièces.

(1) On lit dans l'édition de d'Argentré de 1588 : « François, né le dernier jour d'avril 1517 (vieux style) et baptisé le 25 du même mois ». f° 818 V°.

Bouchard écrit (f° 237 v°) : François né l'an 1517, au mois de mars fut baptisé le 25 avril 1518. (Notre année 1518 avait commencé le 4 avril). Plus loin *Appendice*. Extrait de l'édition de 1518, on lit : François né le derain jour de février 1517, fut baptisé le 25° jour d'avril après Pâques.

Voilà les dates : le manuscrit d'Argentré portait peut-être *février* au lieu d'*avril*. Voilà une faute d'impression répétée d'édition en édition jusqu'à la dernière, en 1668, p. 716 !

Quelques années plus tard, Marguerite, reine de Navarre, écrivait de sa belle-sœur, en guise d'oraison funèbre : « Point de cour sans dame, disait-il (le roi « François Ier). Mais le roi était jeune, fort sujet à son « plaisir et avait une femme fort fâcheuse à laquelle « les passe-temps de son mari ne plaisaient point. « C'est pourquoi le roi menait toujours avec lui sa « sœur, qui était de joyeuse vie et de meilleure compa- « gnie qu'il était possible, toutefois sage et femme de « bien » (1).

Pauvre jeune reine! Elle aime uniquement son mari qui en aime d'autres. Au gré de sa belle-sœur, pour n'être pas *fâcheuse*, il aurait fallu apparemment que Claude pût dire ces mots qu'Euripide prête à Andromaque : « Cher Hector, si Vénus t'inspirait quelques faiblesses, j'aimais, à cause de toi, les femmes que tu aimais. »

(1) Contes de la reine de Navarre, p. 36, Ed. Jacob (1841).

TABLE ANALYTIQUE

	NOMS DES DUCS	FEMMES DES DUCS	QUOTITÉ DES DOMAINES	ÉVALUATIONS ACTUELLES	
P. 10	Jean le Roux.	Blanche de Champagne.	Revenu du tiers du domaine.		non douairière.
P. 11	Jean II.	Béatrix d'Angleterre.	Sans renseignements.		non douairière.
P. 12	Arthur II.	1° Marie de Limoges.	4 000 #	455.000 fr.	non duchesse.
P. 16		2° Yolande de Dreux.	7.000 #	577.500 fr.	douairière.
P. 22	Jean III.	1° Isabelle de Valois.	2 000 #	227 000 fr.	non duchesse.
P. 25		2° Béatrix de Castille.	Revenu de Limoges.		non duchesse.
P. 25		3° Jeanne de Savoie.	Revenu de Limoges.		douairière.
P. 30	Charles de Blois et Jeanne de Penthièvre.		Jean Comte de Montfort et Jeanne de Flandre.		
P. 31	Jean IV.	1° Marguerite d'Angleterre.	Sans renseignements.		non duchesse.
P. 31		2° Jeanne de Holand.	Sans renseignements.		non douairière.
P. 31		3° Jeanne de Navarre.	Un douaire.		douairière.
P. 33	Jean V.	Jeanne de France.	12.000 #	660.000 fr.	douairière.
P. 36	François Ier.	1° Yolande d'Anjou.	6.000 #	247.000 fr.	non duchesse.
P. 37		2° Isabelle d'Ecosse.	6.000 #	247.000 fr.	douairière.
P. 39	Pierre II.	Françoise d'Amboise.	6.000 # puis 8.000 #	180.000 à 240.000 240.000 à 320 000	douairière.
P. 42	Arthur III.	1° Marguerite de Bourgogne.	Sans renseignements.		non duchesse.
P. 45		2° Jeanne d'Albret.	Sans renseignements.		non duchesse.
P. 45		3° Catherine de Luxembourg.	3 000 # puis 6.000 #	90.000 à 120.000 180 000 à 240.000	douairière.
P. 48	François II.	1° Marguerite de Bretagne.	Sans renseignements.		non douairière.
P. 49		2° Marguerite de Foix.	6 000 #	180.000 à 240.000	non douairière.
		Douaires des reines Anne et Claude.			
P. 60	Charles VIII.	Reine Anne.	10.400	364.000 (moyenne).	douairière.
P. 61	Louis XII.	La même.	10.400	364.000 id.	non douairière.
P. 62	François Ier.	Reine Claude. (comme duchesse de Valois).	tiers des revenus de son mari.		non douairière.

Vannes. — Imp. Lafolye Frères.

28

www.ingramcontent.com/pod-product-compliance
Lightning Source LLC
LaVergne TN
LVHW010034230826
846091LV00005B/1703

* 9 7 8 2 0 1 2 9 4 0 7 4 1 *